Caso Dora

Fragmento de uma análise
de um caso de histeria

SIGMUND FREUD

Caso Dora
Fragmento de uma análise
de um caso de histeria

TRADUÇÃO
Tito Lívio Cruz Romão

autêntica   TEXTOS SINGULARES
            NÃO FICÇÃO

Copyright desta edição © 2025 Autêntica Editora

Título original: *Bruchstück einer Hysterie-Analyse*

Todos os direitos reservados pela Autêntica Editora Ltda. Nenhuma parte desta publicação poderá ser reproduzida, seja por meios mecânicos, eletrônicos, seja via cópia xerográfica, sem a autorização prévia da Editora.

EDITORAS RESPONSÁVEIS
Rejane Dias
Cecilia Martins

COORDENAÇÃO EDITORIAL
Gilson Iannini
Pedro Heliodoro Tavares

REVISÃO DA TRADUÇÃO
Pedro Heliodoro Tavares
Maria Rita Salzano Moraes

REVISÃO
Aline Sobreira
Deborah Dietrich

CAPA
Diogo Droschi

DIAGRAMAÇÃO
Guilherme Fagundes

Dados Internacionais de Catalogação na Publicação (CIP)
Câmara Brasileira do Livro, SP, Brasil

Freud, Sigmund, 1856-1939
 Caso Dora : Fragmento de uma análise de um caso de histeria : / Sigmund Freud ; tradução Tito Lívio Cruz Romão ; apresentação Gilson Iannini, Pedro Heliodoro Tavares, Vinícius Moreira Lima. -- 1. ed. -- Belo Horizonte, MG : Autêntica Editora, 2025. -- (Textos Singulares)

Título original: *Bruchstück einer Hysterie-Analyse*
Bibliografia.
ISBN 978-65-5928-423-8

1. Freud, Sigmund, 1856-1939 - Psicologia 2. Histeria I. Tavares, Pedro Heliodoro. II. Iannini, Gilson. III. Lima, Vinícius Moreira. IV. Título. V. Série.

24-204984   CDD-150.1952

Índices para catálogo sistemático:
1. Freud, Sigmund : Clínica psicanalítica : Psicologia 150.1952

Tábata Alves da Silva - Bibliotecária - CRB-8/9253

Belo Horizonte
Rua Carlos Turner, 420
Silveira . 31140-520
Belo Horizonte . MG
Tel.: (55 31) 3465 4500

São Paulo
Av. Paulista, 2.073 . Conjunto Nacional
Horsa I . Salas 404-406 . Bela Vista
01311-940 . São Paulo . SP
Tel.: (55 11) 3034 4468

www.grupoautentica.com.br
SAC: atendimentoleitor@grupoautentica.com.br

7 Apresentação
Dora no século XXI
*Gilson Iannini, Pedro Heliodoro Tavares
e Vinícius Moreira Lima*

15 Caso Dora
Fragmento de uma análise
de um caso de histeria

Apresentação
Dora no século XXI

Gilson Iannini[1]
Pedro Heliodoro Tavares[2]
Vinícius Moreira Lima[3]

Dora faz história. Publicado em 1905, *Fragmento de uma análise de um caso de histeria,* que ficou conhecido como Caso Dora, inaugurou um novo modo de escrita clínica, um novo gênero literário. A história de Dora até hoje suscita paixões e debates, sendo um dos casos mais discutidos dentro e fora da clínica psicanalítica.

É, rigorosamente falando, um "fragmento", não apenas porque o caso foi prematuramente interrompido pela própria paciente, mas também pela forma como foi escrito. Dora tratou-se com Freud pelo menos entre 14 de outubro de 1900 e 31 de dezembro do mesmo ano, embora algumas vezes o próprio autor afirme, aqui e ali, que o tratamento

---

[1] Psicanalista, doutor em Filosofia pela USP, professor do Departamento de Psicologia da UFMG, é também editor e escritor.

[2] Psicanalista, germanista, tradutor e escritor. Doutor em Psicanálise e Psicopatologia pela Universidade Paris VII, é professor da área de Alemão na USP.

[3] Psicanalista, mestre e doutorando em Estudos Psicanalíticos pela UFMG. Professor da graduação em Psicologia da FCM-MG.

teria ocorrido um ano antes. É, portanto, um caso perfeitamente contemporâneo a *A interpretação do sonho* (1900) e à correspondência com Fließ. Não por acaso, o título inicial do relato de caso seria *Sonho e histeria*. Entre a redação, terminada ainda em janeiro de 1901, e a publicação passaram-se cerca de cinco anos. A primeira tentativa de publicar a história clínica teria sido interrompida sob a alegação da necessidade de discrição médica. Nesse intervalo entre a primeira redação e a versão final, Dora ainda visitou Freud uma vez, em abril de 1902, o que dá ensejo à escrita do Posfácio. Posteriormente à publicação, o caso é referido ao longo da obra de Freud em diversas ocasiões.

O pseudônimo Dora ocorreu a Freud quando soube de outra mulher chamada Dora, mas que não podia usar o nome próprio por imposição de sua patroa. A paciente em questão chamava-se, na verdade, Ida Bauer. Ela viveu entre 1882 e 1945, tendo sido criada numa família burguesa, do ramo da indústria têxtil. Seu pai, Philipp, havia se tratado de sífilis com Freud em 1894. Quando, por insistência do pai, procura Freud pela primeira vez, em 1898, Ida tinha 16 anos. Mas foi depois de uma presumida tentativa de suicídio aos 18 anos que a jovem aceita tratar-se com Freud. Posteriormente ao tratamento, Ida casa-se com um compositor não muito conhecido, que era empregado na empresa de seu pai. Mais tarde, na casa de seus 40 anos, é tratada pelo psicanalista Felix Deutsch, que reconhece o caso freudiano. Ida morreu em Nova York, aos 63 anos, vítima de câncer. A famosa cena do lago, em que o Sr. K. teria assediado Dora, ocorreu quando ela tinha 13 ou, no máximo, 14 anos.

O caso Dora constitui um verdadeiro documento clínico da histeria, fornecendo seu paradigma. O sintoma histérico é nele definido como a elaboração de um conflito em torno da feminilidade. O caso interessa em muitos sentidos, especialmente pela forma como sua construção faz uso dos sonhos, a maneira como se constitui um sintoma neurótico, os mecanismos de identificação histérica e, especialmente, o manejo da transferência. A reformulação do conceito de transferência, bem como sua passagem para o primeiro plano da técnica psicanalítica, pode ser vista como resultado da exigência imposta pelo relativo fracasso do caso.

O caso Dora é até hoje disputado, inclusive suscitando importantes debates em campos como crítica literária, pensamento feminista, estudos de gênero e estudos *queer*. Esquematicamente, podemos mencionar que, nas décadas de 1970-1980, o debate sobre o caso gravitou em torno do papel de Dora como vítima ou heroína. Luce Irigaray argumenta que o corpo histérico mimetiza e deforma o discurso masculinista sobre a feminilidade; no feminismo norte-americano, prevaleceu a descrição de Dora como vítima da violência patriarcal; na França, Hélène Cixous a caracteriza como uma heroína que se recusa ao papel de objeto de trocas sexuais reservado às mulheres nesse modelo social; Jane Gallop enfatiza o caráter ambíguo da histeria, oscilando entre vítima e heroína; Juliet Mitchell defende que a dificuldade da psicanálise em lidar com a feminilidade retorna no corpo histérico sob a forma de sintomas. De modo geral, pode-se dizer que, apesar da variedade das perspectivas disputadas, tais estudos tendem a convergir na leitura da histeria como uma crítica do lugar de objeto reservado às mulheres, ao mesmo tempo em que desmascara o gênero como semblante. Nos anos 1990 em diante, assistimos a uma nova onda de interesse no caso. Ao mesmo tempo, o campo psicanalítico propunha releituras, baseadas principalmente nas contribuições decisivas de Jacques

Lacan, enquanto surgiam também pesquisas historiográficas, reconstruindo o contexto social e biográfico do entorno de Dora. Muitos autores também buscaram desinflacionar o papel do Édipo na interpretação psicanalítica do caso, como o fazem Philippe Van Haute e Tomas Geyskens. Paralelamente, foi possível denunciar o caráter violento da "cena do lago". Patrick Mahony chega a afirmar que a jovem teria sido abusada não apenas pelo pedófilo Sr. K., como essa violência teria sido repetida por seu próprio pai, que a teria forçado a se tratar a fim de silenciá-la, e pelo próprio Freud, com suas interpretações acerca do gozo de Dora e sua recusa em analisar sua contratransferência. Numa veia similar, mas acompanhando a leitura de Jacques Lacan, Serge Cottet argumenta que o caso Dora é, também, o caso Freud, devido à contratransferência do analista que se expressa em sua presunção da heterossexualidade na leitura do caso, o que teria feito obstáculo ao prosseguimento da análise.

Por sua vez, Lacan dedicou um importante estudo a essa história clínica nos primeiros anos de seu ensino, observando nele uma série de inversões dialéticas. Depois disso, tentando extrair consequências das dificuldades de Freud no caso, retornou a ele inúmeras vezes, tornando-se o caso freudiano mais retomado ao longo de seu ensino. Nos anos 1970, propôs um além do Édipo na psicanálise a partir de sua releitura de Dora. Mais tarde, caracteriza a histeria como uma configuração disjunta da feminilidade e constituindo obstáculo a ela. Tornar-se "Outro para ela mesma" seria uma saída possível para a histérica acessar o feminino.

Por essas e outras razões, o caso Dora é de uma inegável atualidade. Dessa trajetória, ao menos dois pontos se destacam. O primeiro deles diz respeito à importância da análise pessoal do analista. Pois a contratransferência, se acompanharmos sua redefinição dada por Lacan como a "soma dos preconceitos do analista", indica a intrusão, na análise, das concepções pessoais que marcaram a subjetivação de quem escuta, fazendo barreira à elaboração do analisante. Não é incomum que questões contemporâneas como as novas formas de partilha do gênero e da sexualidade, bem como particularidades ligadas ao campo da raça ou da geopolítica, possam esbarrar em resistências do analista, em decorrência das heranças normativas de sua própria subjetivação. Aqui, uma formulação lacaniana assume um valor de orientação: a resistência do analista, eventualmente causada por sua própria contratransferência, produz como resposta, no analisante, fenômenos de transferência negativa, juntamente de seus efeitos de suspeita ou desconfiança – como bem nos ensina o caso Dora.

E assim chegamos ao segundo ponto: quando desfeitos, por assim dizer, os obstáculos do lado do analista, um analisante, mesmo (ou especialmente) quando atravessado pelas mais densas questões sociais, poderá encontrar, no espaço de uma análise, um lugar privilegiado para elaboração da forma como está, ele próprio, enredado nessa estrutura da qual inevitavelmente participa. Pois uma psicanálise permite complexificar o necessário debate relativo à dominação social, ao ali acrescentar a dimensão suplementar do inconsciente que parasita toda a querela das posições sexuadas, permitindo evidenciar, quando é o caso, a participação do próprio sujeito no arranjo que o faz sofrer.

Assim, sem desconsiderar a dimensão social desse debate, a psicanálise se torna guardiã da pergunta: de que forma cada um está embaraçado nisso? No caso freudiano em questão, a releitura de Lacan sinaliza que, em meio a esse arranjo violento do qual a analisante se queixava, mas do qual também se tornava cúmplice em alguma medida, Dora se encontrava numa tentativa inconsciente de elaborar uma questão sobre sua posição sexuada, uma questão sobre o que é ser uma mulher, no coração mesmo de uma sociedade patriarcal – lidando com todas as contradições inerentes a essa formação social.

Um século após o relato do caso, as questões estruturais que já condicionavam seu cenário subjetivo estão em efervescência, compondo também um horizonte incontornável da formação de um psicanalista. Que as Doras do século XXI possam encontrar escutas analíticas à altura de sua tarefa.

Bruchstück einer Hysterie-Analyse

1905   Primeira publicação: *Monatsschrift für Psychiatrie und Neurologie*, C. Wernike, Yh. Ziehen, t. XXVIII (4)

1924   *Gesammelte Schriften*, t. VIII

1941   *Gesammelte Werke*, t. V, p. 161-286

Caso Dora

Fragmento de uma análise de um caso de histeria

Prefácio

Considerando que, após uma extensa pausa, começo a corroborar as minhas proposições apresentadas nos anos 1895 e 1896 sobre a patogênese de sintomas histéricos e os processos psíquicos que ocorrem na histeria, apoiando-me no relato minucioso de uma história clínica e de seu tratamento, não posso poupar-me deste prefácio, que deverá, por um lado, justificar o meu procedimento em diversos sentidos, e, por outro, reconduzir as expectativas que o acolhem a uma proporção adequada.

Sem dúvida, era-me uma tarefa delicada ter de publicar resultados de pesquisas – e na realidade esses resultados surpreendentes e pouco lisonjeiros – que inevitavelmente não puderam passar pelo crivo dos colegas da área. Porém, não é menos delicado se agora começo a disponibilizar à opinião pública um pouco do material que me servira de fonte para obter tais resultados. Não escaparei às críticas. Se estas antes consistiam em afirmar que eu nada relatava sobre meus pacientes, agora tratarão de apontar que relatei de meus pacientes[1]

---

[1] Os vocábulos "*krank*" (adj.), "*Kranke*" (subst. fem.) e "*Kranker*" (subst. masc.) significam em alemão "doente". Embora em português também

o que não se deve relatar. Tenho a esperança de que serão as mesmas pessoas que, assim agindo, mudarão o ensejo de sua crítica, e de antemão já prescindo de alguma vez querer privar esses críticos de seu julgamento.

Para mim, a publicação de minhas histórias clínicas continua a ser uma tarefa de difícil solução, ainda que eu continue a não me preocupar com aquelas pessoas mal intencionadas e sem compreensão. As dificuldades são em parte de natureza técnica e, por outro lado, têm sua origem na essência das próprias circunstâncias. Se for correto que a causação dos adoecimentos histéricos é encontrada nas intimidades da vida psicossexual dos doentes e que os sintomas histéricos são a expressão de seus desejos recalcados mais recônditos, então a elucidação de um caso de histeria não pode deixar de desvelar essas intimidades e de revelar esses segredos. É certo que os doentes jamais teriam falado se lhes ocorresse a possibilidade de suas confissões serem utilizadas cientificamente, e é igualmente certo que teria sido totalmente em vão, se alguém tivesse pretendido que eles mesmos autorizassem sua publicação. Em tais condições, pessoas circunspectas, bem como também as tímidas, poriam em primeiro plano o dever

---

haja os vocábulos "enfermo"/"enferma", aqui em geral se recorrerá ao vocábulo "paciente". Esse termo permitirá que se siga mais facilmente a cadeia semântica proposta por Freud mediante o frequente uso de palavras compostas por derivação e/ou por justaposição a partir de "krank", tais como: *"Krankheit"* [doença], *"Erkrankung"* [doença, adoecimento, afecção] etc. Em alguns compostos por justaposição, haverá variações na tradução do termo "krank", como ocorre, por exemplo, em *"Krankheitsgeschichte"* [história clínica, caso clínico] e em *"Krankheitszustand"* [estado patológico]. Em trechos de seu texto, Freud também utiliza os termos *"Patient"*/*"Patientin"* [o paciente, a paciente], que correspondem ao sentido, em português, do vocábulo "paciente": "indivíduo doente; indivíduo que está sob cuidados médicos". (N.T.)

da discrição médica e lamentariam não poder prestar, nesse caso, quaisquer serviços de esclarecimento à ciência. Não obstante, acho que o médico não assumiu deveres apenas perante cada doente, mas também perante a Ciência. No fundo, perante a Ciência significa nada mais que perante os muitos outros doentes que sofrem ou ainda sofrerão do mesmo problema. A comunicação pública do que se julga saber sobre a causação e a estrutura da histeria torna-se um dever, e a omissão, uma covardia vergonhosa, sempre que se puder evitar o prejuízo pessoal direto do doente em questão. Acredito que fiz tudo para excluir minha paciente de um dano como esse. Escolhi uma pessoa cujos destinos não se desenrolavam em Viena, mas em uma cidadezinha distante, e cujas relações particulares devem ser, portanto, praticamente desconhecidas em Viena; desde o princípio mantive o sigilo do tratamento com tanto cuidado que apenas um único colega absolutamente digno de toda confiança pode saber que a moça teria sido minha paciente; concluído o tratamento, ainda esperei quatro anos para a publicação, até eu ter sabido de uma mudança na vida da paciente, fazendo-me supor que seu próprio interesse nos acontecimentos aqui narrados e nos processos anímicos poderia, agora, estar dissipado. É óbvio que não foi escrito nenhum nome que pudesse dar uma pista a um leitor dos círculos leigos; além disso, a publicação em um periódico especializado rigorosamente científico deveria ser uma proteção contra esses leitores não autorizados. Naturalmente não posso impedir que a própria paciente experimente uma sensação desagradável, se, por um acaso, cair-lhe nas mãos a narrativa de sua própria história clínica. Porém, nada ficará sabendo sobre si que já não saiba e poderá colocar-se a pergunta sobre quem, além dela, ficará sabendo que se trata de sua pessoa.

Sei que – pelo menos nesta cidade – existem muitos médicos que – com bastante repugnância – não querem ler uma história clínica destas como um artigo sobre a psicopatologia da neurose, mas como um *roman à clef* destinado a seu divertimento. A essa espécie de leitores dou a certeza de que todas as minhas histórias clínicas que venham a ser posteriormente comunicadas serão protegidas por garantias semelhantes de sigilo, contra a perspicácia desse leitorado, embora, devido a esse propósito, minha forma de explorar meu material tenha sido obrigada a enfrentar uma restrição excepcional.

Pois bem, nesta história clínica, a única que até agora logrei subtrair das restrições impostas pela discrição médica e pelo desfavor das circunstâncias, relacionamentos sexuais são debatidos, todavia, com toda franqueza, os órgãos e as funções da vida sexual são chamados por seus nomes corretos, e, a partir da minha exposição, o leitor casto poderá convencer-se de que não hesitei em discutir com uma jovem mulher sobre tais temas em tal linguagem. E agora talvez eu também precise defender-me dessa crítica? Simplesmente faço valer, para mim, os direitos do ginecologista – ou, antes, direitos muito mais modestos que esses – e declaro ser um indício de uma concupiscência perversa e insólita, se alguém vier a supor que tais conversas sejam um bom meio de atingir a excitação ou para a satisfação de desejos sexuais. Ademais, sinto-me inclinado a exprimir meu juízo sobre essa questão recorrendo a algumas palavras tomadas de empréstimo:

> É lamentável ter de destinar um espaço a esses protestos e asseverações em uma obra científica, mas não me venham tecer críticas por isso, mas acusem, sim, o espírito da época, que felizmente nos fez chegar a

uma situação em que nenhum livro sério pode mais estar seguro de sua existência.[2]

Passo agora a comunicar o modo como superei as dificuldades técnicas do relatório desta história clínica. Essas dificuldades são muito consideráveis para o médico que precisa realizar diariamente seis ou oito desses tratamentos psicoterapêuticos e, durante a própria sessão[3] com o paciente [*Kranke*], não pode fazer anotações, pois despertaria a sua desconfiança e perturbaria a recepção do material a ser registrado. Também para mim, ainda é um problema não resolvido o modo como eu poderia registrar, com vistas à comunicação posterior, uma história de um tratamento de longa duração. No presente caso, duas circunstâncias vieram em meu auxílio: em primeiro lugar, a duração do tratamento não se estendeu por mais de três meses; e, em segundo, os esclarecimentos foram agrupados em torno de dois sonhos – um relatado na metade e outro, no final do tratamento –, sonhos cujo teor foi registrado imediatamente após cada sessão e que puderam oferecer um apoio seguro para a subsequente trama de interpretações e lembranças. Quanto à história clínica propriamente dita, escrevi-a de memória, somente após a conclusão do tratamento, enquanto minha lembrança ainda se mantinha fresca e estimulada pelo interesse na publicação. Consequentemente, o registro [*Niederschrift*] não é em absoluto – fonograficamente – fiel,

---

[2] Richard Schmidt, *Beiträge zur indischen Erotik* [Contribuições à erótica indiana], 1902. (No prefácio.)

[3] Acima, Freud emprega o termo "*Sitzung*" [reunião, sessão], que, em outros trechos do mesmo trabalho, alternará com "*Stunde*" [hora]. No posfácio, deixará claro que cada sessão corresponde a uma "hora" [*Stunde*]. (N.T.)

mas se pode atribuir-lhe um alto nível de confiabilidade. Nada de essencial foi nele alterado, a não ser a sequência das elucidações, em alguns trechos, o que fiz em atenção ao contexto.

Passo agora a destacar o que será encontrado neste relato e o que nele fará falta. O trabalho levava originalmente o nome de "Sonho e histeria", pois me parecia especialmente apropriado para mostrar como a interpretação do sonho se entrelaça na história do tratamento e como, com sua ajuda, é possível obter o preenchimento das lacunas mnêmicas[4] e o esclarecimento dos sintomas. Não foi sem bons motivos que eu, no ano 1900, antecipei[5] um elaborado e exaustivo estudo sobre o sonho às minhas publicações planejadas sobre a "Psicologia das neuroses", e de fato também pude verificar, a partir de sua recepção, como é insuficiente a compreensão com que esses esforços ainda hoje são recebidos pelos colegas da área. Nesse caso, também não era pertinente objetar que minhas considerações, devido à retenção do material, não permitem adquirir uma convicção fundamentada em verificação, pois qualquer um pode submeter seus próprios sonhos ao exame analítico, e a técnica de interpretação do sonho é, de acordo com as instruções e os exemplos apresentados por mim, fácil de aprender. Hoje, assim como

---

[4] No trecho acima, Freud utiliza, em alemão, o termo *"Amnesie"*. Optou-se, aqui, por traduzi-lo por "lacunas mnêmicas", por essa expressão ser mais facilmente vinculável ao substantivo "preenchimento". Ao longo do seu texto, Freud não se restringirá, todavia, apenas ao uso do termo *"Amnesie"*, mas recorrerá também às seguintes expressões sinônimas: *"Gedächtnislücken"* ou *"Lücken der Erinnerung"*, que, nesta versão, serão traduzidas como "lacunas de memória". (N.T.)

[5] *Die Traumdeutung* [*A interpretação do sonho*]. Wien, 1900. *Ges. Werke*, v. II-III.

naquela época, preciso afirmar que o aprofundamento nos problemas do sonho é um pressuposto imprescindível para o entendimento dos processos psíquicos no caso da histeria e das outras psiconeuroses, e que ninguém que pretenda esquivar-se desse trabalho preparatório terá a perspectiva de avançar apenas alguns passos nessa área. Uma vez que esta história clínica pressupõe o conhecimento da interpretação do sonho, sua leitura revelar-se-á altamente insatisfatória para qualquer um que não preencha essa condição prévia. Em vez do esclarecimento buscado, nela ele só encontrará estranhamento e certamente estará inclinado a projetar a causa desse estranhamento no autor, declarado como fantasioso. Na realidade, tal estranhamento está ligado aos fenômenos da própria neurose; ele é encoberto ali apenas por nossa familiaridade médica, voltando à luz a isso na tentativa de explicação. Ele só seria totalmente eliminado se conseguíssemos derivar a neurose, por inteiro, de fatores que já se nos tornaram conhecidos. Mas toda a probabilidade indica que nós, ao contrário, receberemos a partir do estudo da neurose o estímulo para aceitarmos muitas coisas novas, que paulatinamente podem tornar-se objeto de conhecimento mais seguro. O novo, porém, sempre suscitou estranhamento e resistência.

Seria equivocado se alguém acreditasse que sonhos e sua interpretação ocupam uma posição tão destacada em todas as psicanálises quanto neste exemplo.

Se, no tocante à exploração dos sonhos, esta história clínica parece privilegiada, por outro lado, em outros aspectos se revela muito mais precária do que eu teria desejado. Todavia, suas falhas estão relacionadas justamente àquelas circunstâncias às quais devemos a possibilidade de publicá-la. Já afirmei que eu não saberia como dar conta do material de uma história de tratamento que se estendesse por um ano. Esta história, com a duração de apenas três meses, deixou-se abarcar e recordar; mas seus resultados permaneceram incompletos em mais de um aspecto. O tratamento não prosseguiu até alcançar a meta preestabelecida, mas foi interrompido por vontade da própria paciente, quando determinado ponto foi alcançado. Naquele momento, alguns enigmas do caso clínico nem sequer haviam sido abordados, e outros, apenas esclarecidos de forma incompleta, ao passo que a continuação do trabalho teria certamente avançado em todos os pontos até o último esclarecimento possível. Portanto, aqui, só posso oferecer um fragmento de uma análise.

Talvez um leitor familiarizado com a técnica de análise apresentada nos *Estudos sobre a histeria* admire-se com o fato de que, em três meses, não tenha sido possível conduzir, à sua solução final, pelo menos aqueles sintomas já abordados. Mas isso se torna compreensível se eu comunicar que, desde os *Estudos*, a técnica psicanalítica passou por uma revolução radical. Naquela época, o trabalho partia dos sintomas e estabelecia como meta o seu esclarecimento, um após o outro. Desde então, abandonei essa técnica, porque a achei totalmente inadequada à estrutura mais fina da neurose. Agora deixo o próprio paciente determinar o tema do trabalho diário, partindo, assim, especificamente da superfície que seu inconsciente ofereça à sua atenção. Mas, em seguida, obtenho aquilo que se relaciona com uma solução de sintoma, de maneira fragmentada, entrelaçada em diferentes contextos e distribuída em períodos bastante dispersos. Apesar dessa aparente desvantagem, a nova técnica, que é muito superior à antiga, é incontestavelmente a única possível.

Devido à incompletude dos meus resultados analíticos, restou-me apenas seguir o exemplo daqueles pesquisadores que ficam tão felizes por trazerem a lume inestimáveis – embora mutilados após longo sepultamento – vestígios da Antiguidade. Restaurei o que estava incompleto de acordo com os melhores modelos, por mim conhecidos de outras análises, mas, assim como faria um arqueólogo consciencioso, não deixei de indicar em cada caso onde minha construção se superpõe ao autêntico.

Propositadamente, eu mesmo provoquei outro tipo de incompletude. Afinal de contas, em linhas gerais, não expus o trabalho interpretativo a que foi preciso submeter as ocorrências e comunicações da paciente, mas apenas seus resultados. À exceção dos sonhos, a técnica do trabalho analítico só foi revelada em alguns poucos lugares. É que, nesta história clínica, interessava-me colocar em evidência o determinismo dos sintomas e a configuração [*Aufbau*] íntima da doença neurótica; se, ao mesmo tempo, eu tivesse tentado cumprir também a outra tarefa, isso só teria produzido uma confusão inextrincável. Para a fundamentação das regras técnicas, em sua maioria descobertas de modo empírico, provavelmente seria necessário compilar o material de muitas histórias de tratamento. Contudo, neste caso, não se deve imaginar que foi particularmente grande a redução produzida pela moderação da técnica. Justamente a parte mais difícil do trabalho técnico não entrou em questão com a paciente, tendo em vista que o fator da "transferência", do qual se fala ao final da história clínica, não foi tematizado durante o breve tratamento.

Há um terceiro tipo de incompletude deste relato de que nem a doente nem o autor são culpados. Ao contrário, é muito mais natural que uma única história clínica, ainda que completa e que não deixe lugar a nenhuma dúvida, não pode dar resposta a todas as questões levantadas pelo problema da histeria. Ela não pode ensinar a conhecer todos os tipos desse adoecimento, nem todas as configurações da estrutura interna da neurose, nem todos os tipos possíveis de relação entre o psíquico e o somático encontrados na histeria. Não se tem o direito de razoavelmente exigir de um caso mais do que ele pode oferecer. Além disso, quem até agora não quis crer na validade geral e irrestrita da etiologia psicossexual na histeria dificilmente obterá essa convicção através do conhecimento de uma história clínica, mas melhor faria em protelar seu julgamento, até ter adquirido direito a uma convicção mediante trabalho de sua própria lavra.[6]

---

[6] [*Nota acrescida em 1923*:] O tratamento aqui comunicado foi interrompido em 31 de dezembro de 1899, e o relato sobre ele, escrito nas duas semanas subsequentes, mas publicado somente em 1905. Não é de se esperar que mais de duas décadas de trabalho continuado nada tivessem alterado na concepção e exposição de um caso clínico como esse; mas evidentemente seria absurdo "atualizar" [*up to date*] esta história clínica por meio de correções e ampliações, adequando-a ao atual estado de nosso saber. Portanto, eu a deixei essencialmente intacta, tendo corrigido no texto apenas descuidos e imprecisões, para os quais meus excelentes tradutores ingleses, Mr. e Mrs. James Strachey, chamaram minha atenção. Os comentários críticos que me pareceram admissíveis, incorporei-os nestas notas adicionais à história clínica, de modo que o leitor está autorizado a supor que, ainda hoje, eu sustentaria as opiniões representadas no texto, caso ele não encontre, nessas notas adicionais, nenhuma objeção contra elas. O problema da discrição médica, que me ocupa neste prefácio, é desconsiderado nas outras histórias clínicas do presente volume, pois três delas foram publicadas com o consentimento expresso dos pacientes tratados: no caso do pequeno Hans, com o do seu pai, e, em um caso (Schreber), o objeto da análise não é propriamente uma pessoa, mas um livro de sua autoria. No caso Dora, o segredo foi guardado até este ano. Soube recentemente que a mulher,

I
O estado da doença

Após haver demonstrado, em minha *A interpretação do sonho*, publicada em 1900, que sonhos em geral podem ser interpretados, e que eles, uma vez concluído o trabalho interpretativo, podem ser substituídos por pensamentos impecavelmente construídos, inseríveis em um lugar conhecido no contexto anímico, gostaria de dar um exemplo, nas páginas a seguir, da única utilização prática que a arte de interpretar sonhos parece admitir. No meu livro[7] já mencionei de que maneira me deparei com os problemas dos sonhos. Encontrei-os no meu caminho, enquanto me empenhava em curar psiconeuroses por meio de um procedimento especial de psicoterapia, no qual os doentes, entre outros episódios de sua vida anímica, também me contavam sonhos, que pareciam exigir inserção na trama havia muito tempo entretecida entre sintoma de sofrimento e ideia patogênica. Àquela época, aprendi como se deve traduzir a linguagem do sonho para o modo de expressão da nossa linguagem do pensamento compreensível sem qualquer outro auxílio. Posso afirmar que, para o psicanalista, esse conhecimento é imprescindível, pois o sonho representa

---

que há muito desapareceu de minha vista, e que agora está novamente doente por outras causas, revelou ao seu médico que, quando moça, teria sido objeto de minha análise, e essa comunicação facilitou ao bem informado colega reconhecer, nela, a Dora do ano de 1899. O fato de os três meses do tratamento realizado naquela época não terem feito mais do que apenas eliminar aquele conflito, e de também não poderem deixar uma proteção contra posteriores adoecimentos, não farão nenhum pensador imparcial criticar a terapia analítica.

[7] *Die Traumdeutung.* 1900, p. 68. – 8. ed., 1930, p. 70.

um dos caminhos pelos quais pode chegar até a consciência aquele material psíquico que, por força da resistência que seu conteúdo desperta, foi dela [da consciência] bloqueado, recalcado, tornando-se, por conseguinte, patogênico. Em suma, o sonho é um dos *desvios para se contornar o recalcamento*, um dos principais meios do assim chamado modo de figuração [*Darstellung*] indireta no psíquico. O presente fragmento da história do tratamento de uma jovem histérica deverá demonstrar como a interpretação do sonho intervém no trabalho da análise. Ao mesmo tempo, ele me fornecerá a oportunidade de, pela primeira vez, defender publicamente, em uma extensão que não dê mais lugar a mal-entendidos, uma parte dos meus pontos de vista sobre os processos psíquicos e sobre as condições orgânicas da histeria. Pela extensão eu não preciso mais me desculpar, desde que se admita que é somente pelo aprofundamento mais atencioso, e não pelo afetado desprezo, que é possível cumprir as grandes exigências que a histeria faz ao médico e investigador. Com certeza:

> Não somente Arte e Ciência,
> Na obra há de estar paciência![8]

Começar preparando-me para apresentar uma história clínica sem lacunas e arredondada significaria colocar o leitor, de antemão, em condições inteiramente diferentes daquelas do observador médico. O que os parentes de pacientes – neste caso, o pai da jovem de 18 anos – relatam

---

[8] Freud cita dois versos de *Faust. Eine Tragödie* (*Fausto: uma tragédia*), publicado por Johann Wolfgang von Goethe em 1808, aqui apresentados em tradução livre. "*Nicht Kunst und Wissenschaft allein,/Geduld will auch im Werke sein.*" (N.T.)

fornece quase sempre um quadro muito incognoscível do curso da doença. É por isso que então começo o tratamento solicitando na verdade que me seja contada toda a história de vida e doença, mas o que então escuto continua não sendo suficiente como orientação. Esse primeiro relato é comparável a uma corrente não navegável, cujo leito ora é obstruído por massas rochosas, ora dividido em bancos de areia que o tornam raso. Não posso deixar de me admirar sobre como surgiram, no caso dos autores, histórias clínicas uniformes e exatas de histéricos. Na realidade, os pacientes são incapazes de fornecer semelhantes relatos sobre si mesmos. Embora possam informar o médico de maneira suficiente e coerente sobre esta ou aquela etapa da vida, em seguida vem outra etapa em que suas notícias se tornam superficiais, deixam lacunas e enigmas, e, mais uma vez fica-se diante de períodos bem obscuros, não iluminados por qualquer comunicação utilizável. As ligações, mesmo as aparentes, ficam em sua maioria rompidas, a sequência de diversos acontecimentos, incerta; durante o próprio relato a paciente corrige reiteradamente um dado, uma data, talvez para retornar então, após hesitação prolongada, novamente ao primeiro enunciado. A incapacidade dos pacientes de fazer uma exposição ordenada de sua história de vida, na medida em que esta coincida com a história clínica, não só não é característica apenas da neurose,[9] como também não

---

[9] Certa vez, um colega enviou-me sua irmã ao tratamento psicoterapêutico, a qual, segundo ele, estava sendo tratada, havia anos, de histeria (dores e dificuldades para andar). A breve informação pareceu-me bem compatível com o diagnóstico; em uma primeira sessão, pedi à própria doente que me contasse sua história. Quando esse relato, apesar das estranhas ocorrências a que ela aludiu, mostrou-se perfeitamente claro e ordenado, afirmei, para mim mesmo, que esse caso não poderia

carece de uma grande importância teórica. Especificamente, essa falta tem os seguintes fundamentos: em primeiro lugar, a paciente retém, consciente e propositadamente, uma parte daquilo que lhe é bem conhecido e que ela deveria relatar, proveniente dos motivos ainda não superados da timidez e do pudor (discrição, quando há outras pessoas em jogo); essa seria a parcela da insinceridade consciente. Em segundo lugar, uma parte de seu saber anamnésico, de que a doente normalmente dispõe, não lhe ocorre durante o relato, sem que a doente utilize a intenção de retê-lo: parcela da insinceridade inconsciente. Em terceiro lugar, nunca faltam as amnésias verdadeiras, lacunas da memória, nas quais entraram não apenas lembranças antigas, mas, inclusive, recentes; e tampouco faltam as confusões de memória formadas secundariamente para preencher essas lacunas.[10] Quando os próprios acontecimentos são preservados na memória, alcança-se, com a mesma segurança, a intenção subjacente às amnésias, eliminando-se uma ligação; e a ligação é rompida da forma mais segura se for alterada a sequência cronológica dos acontecimentos. Esta última também sempre se revela ser a componente mais vulnerável do tesouro de lembranças, a mais sujeita ao recalcamento. Algumas lembranças são encontradas, por assim dizer, em um primeiro estágio de recalcamento, mostrando-se marcadas por dúvida. Certo

---

ser histeria, e logo em seguida procedi a um cuidadoso exame físico. O resultado foi o diagnóstico de tabes em estágio moderado, que depois também experimentou uma considerável melhora com a aplicação de injeções de magnésio (*oleum cinereum*, aplicadas pelo Prof. Lang).

[10] Amnésias e confusões de memória mantêm, entre si, uma relação complementar. Onde surgirem grandes lacunas mnêmicas encontraremos poucas confusões de memória. Inversamente, estas últimas podem ocultar por completo, à primeira vista, a existência de amnésias.

tempo mais tarde, essa dúvida seria substituída por esquecimento ou falha de lembrança.[11]

Um estado como esse das lembranças relativas à história clínica é o *correlato exigido pela teoria*, correlato necessário dos sintomas da doença. Ao longo do tratamento, o doente então adiciona aquilo que antes reteve ou o que não lhe havia ocorrido, embora sempre o tivesse sabido. As confusões de memória revelam-se insustentáveis, as lacunas de memória são preenchidas. Somente por volta do final do tratamento é que se pode visualizar uma história clínica coerente, inteligível e sem lacunas. Se a meta prática do tratamento consiste em eliminar todos os sintomas possíveis e substituí-los por pensamentos conscientes, então se pode propor a tarefa, como outra meta teórica, de curar todos os danos de memória do doente. Ambas as metas coincidem; quando uma é alcançada, a outra também será ganha; o mesmo caminho leva às duas.

A partir da natureza das coisas que formam o material da psicanálise, deduz-se que devemos prestar atenção, em nossas histórias clínicas, não apenas às circunstâncias puramente humanas e sociais dos doentes, como também aos dados somáticos e aos sintomas da doença. Acima de tudo, nosso interesse voltar-se-á às relações familiares dos doentes, mais precisamente, como será mostrado, também devido a outros vínculos, e não apenas considerando a hereditariedade a ser investigada.

---

[11] No caso de uma descrição duvidosa, ensina uma regra aprendida com a experiência que se desconsidere por completo essa expressão de julgamento do relator. No caso de uma exposição que oscile entre duas configurações, considere-se preferencialmente como correta aquela expressa primeiramente, e a segunda, como produto do recalcamento.

O círculo familiar da paciente de 18 anos incluía, além de sua pessoa, o casal de genitores e um irmão um ano e meio mais velho. O indivíduo dominante era o pai, tanto por sua inteligência e suas qualidades de caráter como por suas condições de vida, que fornecem a estrutura para a história da infância e da doença da paciente. À época em que aceitei a moça em tratamento, ele era um homem na segunda metade da casa dos 40, dotado de uma vitalidade e um talento não totalmente comuns, um grande industrial em uma cômoda situação material. A filha era apegada a ele com especial afetuosidade, e sua crítica despertada prematuramente resultava em um desagrado ainda mais forte em relação a algumas ações e particularidades dele.

Ademais, essa afetuosidade foi intensificada pelas numerosas e graves doenças a que esteve submetido o pai desde que ela completou o sexto ano de vida. Naquela época, seu adoecimento por tuberculose tornou-se pretexto para a mudança da família para uma pequena cidade, privilegiada pelo clima, de nossas províncias do sul. Ali, a doença pulmonar rapidamente melhorou, porém, em função dos cuidados julgados necessários, esse lugar, que designarei como B., permaneceu sendo, mais ou menos pelos 10 anos seguintes, o domicílio principal dos pais e também dos filhos. Quando estava bem, o pai ficava ausente temporariamente, para visitar suas fábricas; no alto verão, procurava-se uma estância termal nas montanhas.

Quando a garota tinha cerca de 10 anos, um descolamento de retina forçou o pai a um tratamento de repouso em ambiente escuro. A consequência desse acaso médico foi uma restrição permanente da visão. O adoecimento mais grave aconteceu cerca de dois mais tarde; consistiu em um surto de confusão mental, a que se seguiram manifestações de paralisia e leves perturbações psíquicas. Um amigo do doente, de cujo papel ainda nos ocuparemos mais adiante, convenceu-o, tendo ele melhorado um pouco, a viajar com seu médico até Viena, para se consultar comigo. Hesitei um pouco, sem saber se eu não deveria supor, nesse caso, uma paralisia tabética, mas me decidi então pelo diagnóstico de afecção vascular difusa e, após o doente haver admitido uma infecção específica anterior ao casamento, fiz com que realizasse um rigoroso tratamento antiluético, que fez regredirem todos os distúrbios ainda existentes. Foi, sem dúvida, graças a essa feliz intervenção que o pai, quatro anos mais tarde, apresentou-me sua filha, que visivelmente se tornara neurótica, e, passados mais dois anos, levou-a até mim para tratamento psicoterapêutico.

Entrementes, eu também conhecera, em Viena, uma irmã um pouco mais velha do paciente, na qual era preciso reconhecer uma forma grave de psiconeurose sem sintomas caracteristicamente histéricos. Depois de uma vida ocupada com um casamento infeliz, essa mulher faleceu devido às manifestações, afinal não totalmente esclarecidas, de um marasmo que progrediu rapidamente. Um irmão mais velho do paciente, que eu via ocasionalmente, era um solteirão hipocondríaco.

A moça que se tornou minha paciente aos 18 anos desde sempre teve suas simpatias voltadas para a família paterna e, desde que adoecera, via seu modelo na tia, que acabei de mencionar. Também para mim, não era duvidoso que ela pertencia a essa família, tanto pelo seu talento e sua precocidade intelectual como também por sua predisposição a adoecer. A mãe eu não conheci. De acordo com as comunicações do pai e da moça, fui levado a imaginar tratar-se de uma mulher de pouca instrução, mas, sobretudo, não inteligente, que, especialmente a partir do adoecimento e do consequente distanciamento de seu marido, viria a concentrar todos os seus interesses na gestão doméstica, oferecendo, assim, o quadro daquilo que se pode designar como a "psicose da dona de casa". Sem compreensão em relação aos mais vivos interesses de seus filhos, passava o dia todo ocupada em manter limpos a casa, os móveis e os utensílios, em tal medida que praticamente tornava quase impossível usá-los e usufruí-los. Não se pode deixar de lado essa situação, da qual se encontram indícios suficientes em donas de casa normais, de formas de compulsão por lavagem e outros tipos de compulsão por limpeza; todavia, falta totalmente, nessas mulheres, como também na mãe de nossa paciente, o discernimento da doença e, portanto, uma característica essencial da "neurose obsessiva". Há anos, a relação entre mãe e filha era muito inamistosa. A filha ignorava a mãe, criticava-a duramente e escapara inteiramente da sua influência.[12]

---

[12] Com efeito, não dou preferência ao ponto de vista de que a única etiologia da histeria seja a hereditariedade, mas eu não gostaria, justamente com referência a publicações anteriores (L'Hérédité et l'étiologie des névroses. *Revue Neurologique*, 1896), nas quais combato a frase acima, de dar a impressão de que eu esteja subestimando a hereditariedade na etiologia da histeria ou de que eu a considere, em geral, prescindível. No caso de nossa paciente, resulta do que foi comunicado sobre o pai e seus irmãos uma carga suficiente de doenças; e, de fato, quem for de opinião de que também aqueles estados patológicos como o da mãe são impossíveis sem disposição hereditária poderá declarar a hereditariedade desse caso como convergente. Parece-me haver outro fator mais importante para a disposição hereditária, ou melhor, constitucional da moça. Mencionei que o pai, antes do casamento, superou uma sífilis. Pois bem, uma porcentagem notavelmente *grande* dos meus pacientes sob tratamento psicanalítico descendia de pais que haviam sofrido de tabes ou de paralisia. Por causa da novidade do meu procedimento terapêutico, chegam até mim apenas os casos *mais graves* que já tenham

O único irmão da moça, cerca de um ano e meio mais velho, fora para ela, nos anos anteriores, o modelo ao qual sua ambição aspirara. Nos últimos anos as relações entre os dois haviam se afrouxado. Na medida do possível, o rapaz tentava escapar das confusões de família; quando era necessário tomar partido, ficava do lado da mãe. Desse modo, a costumeira atração sexual aproximara, por um lado, pai e filha, e, por outro, mãe e filho.

Nossa paciente, a quem doravante darei o nome de Dora, na idade de 8 anos já apresentava sintomas nervosos. Nessa época adoeceu de falta de ar permanente, com crises muito agudas, problema que surgiu após uma pequena excursão nas montanhas e foi atribuído ao esforço excessivo. Transcorrido meio ano, aos poucos esse estado foi desaparecendo, graças ao descanso e aos cuidados que lhe prescreveram. O médico da família parece não ter hesitado nem por um momento em diagnosticar o distúrbio como puramente nervoso e excluir uma causa orgânica para a dispneia, mas é evidente que considerou esse diagnóstico compatível com a etiologia do esforço excessivo.[13]

---

sido tratados durante anos sem qualquer êxito. Para o adepto da doutrina de Erb e Fournier, é lícito aceitar tabes ou paralisia do progenitor como indícios de uma infecção luética antecedente, que também eu constatei diretamente nesses pais, em certo número de casos. Na última discussão sobre a descendência de sifilíticos (XIII Congresso Médico Internacional em Paris, de 2 a 9 de agosto de 1900, palestras proferidas por Finger, Tarnowsky, Jullien, entre outros), não vejo qualquer referência ao fato, que sou impelido a reconhecer por minha experiência como neuropatologista, de que a sífilis dos progenitores é absolutamente considerada como etiologia na constituição neuropática dos filhos.

[13] A respeito da provável causa precipitante desse primeiro adoecimento, v. adiante.

A pequena passou pelas doenças infecciosas habituais da infância sem danos permanentes. Segundo o que ela contou (com intenção de simbolizar!), o irmão costumava adoecer primeiramente, de forma branda, ao que ela o sucedia com manifestações graves. Por volta de 12 anos, ela passou a ter dores de cabeça unilaterais semelhantes a enxaqueca e acessos de tosse nervosa, no início sempre juntos, até que os dois sintomas se separaram e sofreram um desenvolvimento diferente. A enxaqueca tornou-se mais rara, desaparecendo aos 16 anos. Os acessos de *tussis nervosa*, que provavelmente foram provocados por um catarro comum, permaneceram durante todo esse período. Aos 18 anos, quando começou a ser tratada por mim, tossia novamente de forma característica. Não foi possível constatar o número desses acessos, sua duração era de três a cinco semanas, uma vez também durou vários meses. Na primeira metade de um tal acesso, o sintoma mais incômodo, pelo menos nos últimos anos, era a total perda da voz. O diagnóstico de que novamente se trataria de nervosismo manteve-se por muito tempo; os variados tratamentos usuais, incluindo hidroterapia e aplicação local de eletricidade, não lograram nenhum resultado. Foi nessas circunstâncias que a menina se tornou uma moça madura, independente em seus julgamentos, acostumou-se a zombar dos esforços dos médicos e acabou por desistir da assistência médica. Aliás, desde sempre relutou em recorrer ao médico, embora não sentisse nenhuma antipatia pela pessoa de seu médico de família. Qualquer sugestão de consultar um novo médico provocava a sua resistência, e também a mim ela só veio movida pelo poder da palavra do pai.

No início do verão de seus 16 anos, vi-a, pela primeira vez, com tosse e rouquidão, e, já naquela época, sugeri um tratamento psíquico, o que foi dispensado, quando também essa crise de duração mais prolongada acabou de forma espontânea. No inverno do ano seguinte, após a morte de sua amada tia, ela esteve na casa do tio e suas filhas, e ali adoeceu, com um estado febril, que àquela época foi diagnosticado como apendicite.[14] No outono subsequente, sua família deixou definitivamente a estância termal de B., uma vez que a saúde do pai parecia permiti-lo, primeiramente estabelecendo residência permanente na localidade em que se encontrava a fábrica do pai, e, menos de um ano mais tarde, passou a residir em Viena.

Nesse ínterim, Dora tornara-se uma moça de aparência viçosa, com feições denotadoras de inteligência e amabilidade, mas que inspirava muitos cuidados aos pais. O principal indício de sua doença tomara a forma de alteração de humor[15] e mudança de caráter. Era evidente que não estava satisfeita consigo mesma nem com os seus, enfrentava hostilmente o pai e não conseguia mais se entender com a mãe, que estava determinada a fazê-la participar dos trabalhos domésticos. Procurava evitar contatos; quando o cansaço e a desconcentração, de que ela se queixava, permitiam-no, ocupava seu tempo ouvindo palestras para

---

[14] Sobre esse mesmo tema, comparar a análise do segundo sonho.

[15] O termo usado por Freud, "*Verstimmung*", aqui traduzido como "alterações de humor", tem como radical "*Stimm-*" [voz]. O substantivo derivado, "*Stimmung*", pode ser compreendido como humor propagado no ambiente, a "atmosfera" sensível em determinado local e ou com determinada companhia. É interessante observar que, mais à frente, Freud relatará que um dos problemas da jovem paciente é "afonia". Para designar os problemas de voz da paciente, utiliza termos praticamente sinônimos em alemão, que, nesta versão, serão traduzidos de maneira análoga, também se buscando sinônimos: "*Stimmlosigkeit*" [falta de voz], "*Versagen der Stimme*" [falha da voz] e "*Aphonie*" [afonia]. (N.T.)

mulheres e cultivava estudos mais sérios. Certo dia, os pais foram tomados de susto por uma carta que encontraram em cima ou dentro de uma escrivaninha da moça, na qual se despedia deles, por não mais conseguir suportar a vida.[16] É verdade que a visão nada estreita do pai permitiu a suposição de que a moça não estivesse dominada por nenhuma intenção séria de suicídio, mas ele ficou abalado; e quando um dia, após uma troca de palavras sem importância entre pai e filha, configurou-se nela um primeiro ataque de perda da consciência[17] [*Bewußtlosigkeit*], em que também houve amnésia, foi determinado, apesar da sua relutância, que ela deveria entrar em tratamento comigo.

Não há dúvida de que a história clínica que esbocei até aqui não parece, em sua totalidade, digna de ser comunicada. Trata-se de uma "*petite hystérie*" com os mais triviais de todos os sintomas somáticos e psíquicos: dispneia, *tussis nervosa*, afonia, e possivelmente enxaqueca, além de alteração de humor, insociabilidade histérica e um *taedium vitae* provavelmente não considerado grave. Por certo, já foram publicadas histórias clínicas mais interessantes de histéricos

---

[16] Como já comuniquei, esse tratamento e, por conseguinte, minha visão dos encadeamentos da história clínica ficaram fragmentários. Por essa razão, não posso fornecer nenhuma informação sobre certos pontos ou apenas posso servir-me de alusões e suposições. Quando essa carta veio à baila em uma sessão, a moça perguntou, como se estivesse espantada: "Como foi que eles encontraram a carta? Pois ela estava trancada na minha escrivaninha". Mas, tendo em vista que ela sabia que os pais haviam lido esse rascunho de carta de despedida, deduzo que ela mesma fizera com que a carta lhes caísse nas mãos.

[17] Acho que, nesse acesso, também se observaram convulsões e delírio. Porém, como a análise também sobre esse evento não avançou, não disponho de nenhuma lembrança assegurada sobre isso.

e com frequência registradas de forma mais cuidadosa, pois a seguir nada se encontrará de estigmas da sensibilidade cutânea, da restrição do campo de visão etc. Apenas me permito observar que todas as coleções de fenômenos bizarros e assombrosos no caso da histeria não contribuíram muito quanto ao conhecimento dessa doença que ainda permanece enigmática. O que nos faz falta é justamente o esclarecimento dos casos mais triviais e dos mais frequentes, e neles, os sintomas típicos. Eu ficaria satisfeito, se as circunstâncias me houvessem permitido fornecer, de modo integral, o esclarecimento para este caso de pequena histeria. De acordo com as minhas experiências com outros doentes, não duvido que meus recursos analíticos houvessem bastado para tanto.

No ano de 1896, pouco tempo após a publicação dos meus *Estudos sobre a histeria*, juntamente com o Dr. J. Breuer, solicitei a um eminente colega da área seu parecer sobre a teoria psicológica da histeria ali defendida. Sem rodeios, respondeu-me que a considerava uma generalização infundada de conclusões que poderiam ser corretas para alguns poucos casos. Desde então, tenho visto sobejamente casos de histeria, tenho me ocupado, alguns dias, semanas ou anos, com cada caso, e, em nenhum deles, dei pela falta daquelas condições psíquicas postuladas pelos *Estudos*: o trauma psíquico, o conflito dos afetos e, como acrescentei em publicações posteriores, o abalo na esfera sexual. Tratando-se de coisas que, por seu empenho em se esconder, tornaram-se patogênicas, evidentemente não é lícito esperar que os doentes as ofereceram ao médico, tampouco é lícito resignar-se[18] ao primeiro "não" que se oponha à investigação.

---

[18] Eis um exemplo deste último. Um de meus colegas vienenses, cuja convicção sobre a irrelevância de fatores sexuais para a histeria provavelmente está

No caso de minha paciente Dora, foi graças à compreensão do pai, já várias vezes destacada, que não precisei, eu mesmo, buscar a conexão com a vida da paciente, pelo menos para a última configuração da doença. O pai contou-me que, em B., ele e sua família haviam selado uma amizade íntima com um casal que ali já residia havia muitos anos. A Sra. K. teria cuidado dele durante sua grande doença e, dessa forma, adquirido um direito eterno à sua gratidão. O Sr. K. sempre teria sido muito amável com sua filha Dora, fazia passeios com ela, quando ele se encontrava em B., dava-lhe pequenos presentes, mas ninguém teria visto nada de maldoso nisso. Dora cuidava dos dois filhos pequenos do casal K. do modo mais esmerado, praticamente assumindo, junto a eles, o papel de mãe. Quando pai e filha me procuraram no verão, há dois anos, estavam justamente prestes a empreender viagem para a casa do Sr. e da Sra. K., que estavam passando o verão em um dos nossos

---

muito consolidada por experiências como essas, decidiu, no caso de uma garota de 14 anos com vômito histérico alarmante, fazer a desagradável pergunta sobre se ela, por acaso, não haveria tido uma relação amorosa. A menina respondeu: Não!, talvez com um espanto bem representado, e contou, em sua maneira desrespeitosa, à mãe: "Imagina só, aquele sujeito idiota até mesmo me perguntou se estou apaixonada". Ela veio, então, tratar-se comigo, e descobriu-se – claro que não logo na primeira conversa – uma onanista de longa data, com forte *fluor albus* [leucorreia] (que tinha muita relação com o vômito), a qual, por si mesma, finalmente abandonou esse hábito, porém, na abstinência, era atormentada pelo mais violento sentimento de culpa, a ponto de considerar todos os incidentes que recaíam sobre a família como castigo divino por seu pecado. Ademais, estava sob a influência do romance de sua tia, cuja gravidez ilegítima (com segunda determinação para o vômito), fora-lhe supostamente ocultada com sucesso. Era considerada "somente uma criança", mas se revelou iniciada em tudo que é essencial nas relações sexuais.

lagos alpinos. Dora deveria ficar várias semanas na casa da família K., o pai pretendia viajar de volta após poucos dias. Nesses dias, o Sr. K. também estava presente. Mas, quando o pai se preparava para partir, a moça, de súbito, declarou de maneira muito resoluta que retornaria junto ao pai, e, de fato, assim o fez. Somente alguns dias mais tarde deu a explicação para seu estranho comportamento, ao contar para a mãe, que deveria transmitir a história ao pai, que o Sr. K., durante um passeio após uma volta de barco pelo lago, teria ousado fazer-lhe uma proposta amorosa. O acusado, ao ser interpelado pelo pai e pelo tio no encontro seguinte, negou, com toda veemência, todo e qualquer passo de sua parte que houvesse merecido uma tal interpretação e passou a suspeitar da moça, que, segundo o relato da Sra. K., só mostrava interesse por assuntos sexuais e que, em sua casa no lago, havia lido, inclusive, a *Fisiologia do amor*, de Mantegazza, e livros similares. E que provavelmente, aquecida por essas leituras, teria "imaginado" toda a cena que descreveu.

"Eu não duvido", disse o pai, "que esse incidente seja responsável pelas alterações de humor, pela irritabilidade e pelas ideias suicidas de Dora. Ela exige de mim que eu rompa o contato com o Sr. K. e principalmente com a Sra. K., a quem antes simplesmente venerava. Mas não posso fazê-lo, pois, em primeiro lugar, eu mesmo considero a história contada por Dora sobre o insolente atrevimento do homem uma fantasia que se impôs a ela; em segundo lugar, porque estou ligado à Sra. K. por uma sincera amizade e não quero magoá-la. A pobre mulher é muito infeliz com seu marido, de quem, aliás, não tenho a melhor opinião; ela própria sofria muito dos nervos e em mim encontra seu único apoio. No meu estado de saúde, certamente não preciso garantir ao senhor que, por trás dessa relação, não se esconde nada de ilícito. Somos duas pobres criaturas que nos consolamos mutuamente como podemos, em um envolvimento amistoso. O senhor sabe que não encontro nada [disso] em minha própria esposa. Mas Dora, que tem a minha cabeça dura, não se deixa demover de seu ódio contra os K. Seu último ataque ocorreu após uma conversa, na qual voltou a me fazer a mesma exigência. O senhor que procure agora colocá-la em melhores caminhos."

Não em consonância total com essas revelações havia o fato de o pai buscar, em outras conversas, empurrar a culpa principal pelo caráter intolerável da filha para a mãe, cujas excentricidades roubavam, a todos, o prazer do lar. Todavia, há muito tempo, eu havia me proposto protelar meu julgamento sobre o verdadeiro estado de coisas, até que eu tivesse ouvido também a outra parte.

No episódio vivido com o Sr. K. – na proposta amorosa e na subsequente ofensa contra a honra [difamação][19] –, teríamos, portanto, para nossa paciente Dora, o trauma psíquico que Breuer e eu, àquela época, apresentamos como precondição indispensável para o surgimento de um estado histérico de doença. Contudo, esse novo caso também mostra todas as dificuldades que desde então me impeliram a ultrapassar[20]

---

[19] O termo alemão usado por Freud para "difamação" é *"Ehrenkränkung"*, que literalmente significa "ofensa contra a honra". Note-se que etimologicamente a palavra *"Kränkung"* [ofensa, humilhação, agravo] está ligada ao termo *"krank"* [doente, enfermo]. (N.T.)

[20] Ultrapassei essa teoria, sem renunciar a ela, isto é, hoje não a declaro incorreta, mas incompleta. Apenas abandonei a ênfase no chamado estado hipnoide, que, ocasionado pelo trauma, surgiria no doente e tomaria para si a responsabilidade pelo acontecimento posterior psicologicamente anormal. Se, em trabalho conjunto, for permitido realizar,

essa teoria, acrescidas de uma nova dificuldade de natureza especial. O trauma que conhecemos da história de vida é, como ocorre com tanta frequência nas históricas clínicas de histeria, efetivamente impróprio para explicar a singularidade dos sintomas, para determiná-los; apreenderíamos tanto mais ou tanto menos do contexto se outros sintomas, que não *tussis nervosa*, afonia, alterações de humor e *taedium vitae*, houvessem sido o resultado do trauma. Mas, agora, a isso ainda se junta o fato de que uma parte desses sintomas – a tosse e a falta de voz – já foi produzida pela doente anos antes do trauma, e que as primeiras manifestações remontam de fato à infância, já que ocorreram no oitavo ano de vida. Precisamos, portanto, se não quisermos desistir da teoria traumática, recorrer à infância, para ali procurar influências ou impressões que possam ter o efeito análogo ao de um trauma; e então é realmente digno de nota que, mesmo na investigação de casos em que os primeiros sintomas não se haviam instalado na infância, vi-me estimulado a rastrear a história de vida até os primeiros anos da infância.[21]

Depois de superadas as primeiras dificuldades da terapia, Dora comunicou-me uma experiência vivenciada com o

---

a posteriori, uma divisão de patrimônio, então faço questão de declarar, aqui, que a tese dos "estados hipnoides", na qual alguns conferencistas quiseram reconhecer, naquele momento, o cerne de nosso trabalho, teve origem na iniciativa exclusiva de Breuer. Considero supérfluo e capcioso interromper, mediante essa denominação, a continuidade do problema de averiguar a natureza do processo psíquico por ocasião da formação dos sintomas histéricos.

[21] Comparar meu ensaio: Zur Ätiologie der Hysterie [Sobre a etiologia da histeria]. *Wiener Klinische Rundschau*. 1896. n. 22-26. (*Sammlung kl. Schriften zur Neurosenlehre* [Coletânea de pequenos escritos sobre a doutrina da neurose], 1º fascículo, 1906. 5. ed. 1920. Disponível no v. I das *Ges. Werke*).

Sr. K. que, inclusive, era mais apropriada para produzir o efeito de trauma sexual. Àquela época, ela estava com 14 anos. O Sr. K. combinara com ela e sua própria esposa que, à tarde, as duas mulheres fossem até seu estabelecimento comercial, situado na praça matriz de B., para dali irem assistir a uma festividade religiosa. Mas ele induziu sua esposa a ficar em casa, liberou os empregados e estava sozinho quando a garota entrou na loja. Quando se aproximava a hora da procissão, pediu à menina que o esperasse junto à porta que levava da loja ao andar superior, enquanto ele baixava as cortinas. Em seguida, ele retornou e, em vez de passar pela porta aberta, subitamente apertou a garota contra si e deu-lhe um beijo nos lábios. Aí estava a situação que provocaria uma nítida sensação de excitação sexual em uma garota intocada[22] de 14 anos. Porém, nesse momento Dora sentiu um forte nojo, desvencilhou-se e, passando em frente ao homem, correu em direção à escada e dali até a porta da rua. Mesmo assim, o contato com o Sr. K. perdurou; nenhum dos dois jamais fez menção a essa pequena cena, e ela também afirma tê-la mantido como segredo até a confissão no tratamento. Além disso, no período que se seguiu, ela evitou qualquer ocasião de ficar sozinha com o Sr. K. Por aquela época, o casal K. combinara uma excursão de vários dias, da qual também Dora deveria participar. Após o beijo na loja, ela cancelou sua participação sem apresentar motivos.

Nessa cena, que na série é a segunda e no tempo é a primeira, o comportamento da menina de 14 anos já é total e inteiramente histérico. Toda pessoa em quem uma causa

---

[22] Freud usa a palavra *"unberührt"*, uma forma eufemística de dizer *"jung-fräulich"* [virgem]. (N.T.)

de excitação sexual provoca sentimentos preponderante ou exclusivamente desprazerosos eu consideraria, sem receio, uma histérica, independentemente de ela ser capaz de produzir sintomas somáticos ou não. Esclarecer o mecanismo dessa *inversão de afeto* permanece sendo uma das tarefas mais importantes e, ao mesmo tempo, uma das mais difíceis da psicologia da neurose. Segundo meu próprio julgamento, ainda estou a uma boa distância dessa meta; e também no quadro desta comunicação só poderei apresentar uma parte daquilo que sei.

O caso de nossa paciente Dora ainda não está suficientemente caracterizado pelo destaque da inversão de afeto; é preciso dizer, além disso, que aqui ocorreu um *deslocamento* da sensação. Em vez da sensação genital, que decerto não teria faltado em uma moça saudável sob tais circunstâncias,[23] configura-se nela a sensação de desprazer que é própria da membrana mucosa da entrada do tubo digestivo, o nojo. Decerto, a excitação labial através do beijo exerceu influência sobre essa localização; mas ainda acredito reconhecer também o efeito de outro fator.[24]

O nojo sentido naquela ocasião não se tornou um sintoma permanente em Dora; além disso, na época do tratamento, ele só existia, por assim dizer, de maneira potencial. Ela comia mal, chegando a confessar uma moderada aversão por alimentos. Em compensação, aquela cena deixara outra consequência, uma alucinação sensorial que, de tempos em

---

[23] A apreciação dessas circunstâncias será facilitada por um esclarecimento posterior.

[24] Certamente o nojo de Dora por ocasião desse beijo não teve causas acidentais, estas seriam infalivelmente lembradas e mencionadas. Por coincidência, conheço o Sr. K.; trata-se da mesma pessoa que acompanhou o pai da paciente até mim, um homem ainda jovial, de aparência atraente.

tempos, voltava a surgir também durante seus relatos. Dizia que continuava a sentir a pressão daquele abraço na parte superior do corpo. De acordo com certas regras da formação dos sintomas, as quais vim a conhecer em conjunção com outras particularidades da doente que de outra forma seriam inexplicáveis, por exemplo, não querer passar por nenhum homem que ela visse em uma conversa animada ou afetuosa com uma mulher, criei para mim a seguinte reconstrução do desenrolar dos eventos naquela cena. Penso que ela sentiu, no impetuoso abraço, não apenas o beijo em seus lábios, mas também a pressão do membro ereto contra seu corpo. Chocante para ela, essa percepção foi eliminada da lembrança, recalcada e substituída pela inofensiva sensação de pressão no tórax, que recebe da fonte recalcada sua intensidade excessiva. Um novo deslocamento, portanto, da parte inferior do corpo para a parte superior.[25] Por outro lado, a compulsão [*Zwang*] em seu comportamento se construía como se se originasse da lembrança inalterada. Ela não gostava de passar por nenhum homem que ela acreditasse estar sexualmente excitado, porque não queria voltar a ver o indício somático dessa excitação.

É digno de nota como, aqui, três sintomas – o nojo, a sensação de pressão na parte superior do corpo e o temor

---

[25] Esses deslocamentos na verdade não estão sendo tomados com a finalidade de oferecer essa única explicação, mas se revelam uma exigência irrefutável para [a explicação de] uma grande série de sintomas. Desde então, fiquei sabendo do mesmo efeito de pavor causado por um abraço (sem beijo); tratava-se de uma noiva outrora afetuosamente apaixonada, que, devido ao repentino esfriamento da relação com seu noivo, procurou-me, apresentando grave alteração de humor. Nesse caso, sem maior dificuldade, houve êxito em reconduzir o pavor à ereção masculina percebida, mas eliminada da consciência.

[*Scheu*] de homens conversando animadamente – que provêm de uma experiência vivida, e como só referindo um ou outro desses três indícios torna-se possível a compreensão do desenrolar da formação dos sintomas. O nojo corresponde ao sintoma do recalcamento da zona erógena dos lábios (mimada pela sucção infantil, como veremos). A pressão do membro ereto provavelmente provocou a alteração análoga no órgão feminino correspondente, o clitóris, e a excitação dessa segunda zona erógena foi fixada pelo deslocamento sobre a sensação simultânea de pressão no tórax. O temor de homens em estado de possível excitação sexual obedece ao mecanismo de uma fobia, para se proteger contra uma reanimação da percepção recalcada.

Para deixar clara a possibilidade dessa complementação, indaguei à paciente, da maneira mais cuidadosa, se seria de seu conhecimento algo sobre indícios corporais da excitação no corpo do homem. A resposta para o momento atual foi: sim, mas para aquela época foi: ela acreditava que não. Desde o início, usei com essa paciente o máximo de cuidado, para não supri-la com nenhum novo conhecimento do âmbito da vida sexual, e não por razões de escrupulosidade, mas porque eu queria submeter minhas premissas a uma dura prova nesse caso. Portanto, eu só chamava uma coisa pelo nome se suas alusões extremamente claras fizessem a tradução na linguagem direta parecer uma ousadia muito insignificante. Além disso, sua resposta rápida e honesta costumava indicar que aquilo já lhe era conhecido, mas *de onde* ela o sabia era o enigma que não podia ser solucionado através de suas lembranças. A origem de todos esses conhecimentos ela havia esquecido.[26]

---

[26] Comparar com o segundo sonho.

Se me for permitido imaginar assim a cena do beijo na loja, então chego à seguinte proveniência para o nojo.[27] A sensação de nojo parece ser, originalmente, a reação ao cheiro (mais tarde também à visão) dos excrementos. Mas os órgãos genitais e, em especial, o membro masculino realmente podem lembrar as funções excretoras, porque nesse caso o órgão, além da função sexual, também serve à micção. Esse funcionamento é o mais antigo conhecido e o único conhecido no período pré-sexual. É assim que o nojo passa a fazer parte das manifestações de afeto da vida sexual. É o *inter urinas et faeces nascimur* do padre da igreja[28] que está aderido à vida sexual e, apesar de todo o empenho idealizador, dela não consegue se separar. Mas eu quero destacar expressamente como meu ponto de vista que não considero o problema resolvido com a prova dessa via associativa. Se essa associação pode ser evocada, com isso ainda não fica esclarecido que ela de fato será evocada. Ela não o será sob circunstâncias normais. O conhecimento das vias não torna dispensável o conhecimento das forças que por elas transitam.[29]

---

[27] Aqui, como em todos os trechos semelhantes, não se deve esperar uma fundamentação simples, mas múltipla, uma *sobredeterminação*.

[28] "Nascemos entre fezes e urina." Freud faz referência às palavras proferidas por Santo Agostinho. (N.T.)

[29] Em todas essas discussões, há muito de típico e de válido para a histeria de modo geral. O tema da ereção soluciona alguns dos mais interessantes sintomas histéricos. Após ser recalcada, a atenção feminina aos contornos dos genitais masculinos perceptíveis através das roupas torna-se motivo de muitos casos de temor e angústia no trato social. A ampla ligação entre o sexual e o excrementício, cuja importância patogênica certamente não pode ser suficientemente avaliada, serve de base a um número sobremaneira abundante de fobias histéricas.

Além disso, não achei fácil voltar a atenção da minha paciente para seu contato com o Sr. K. Ela afirmava que nada mais tinha com essa pessoa. A camada superior de todas as ideias que lhe ocorriam nas sessões, tudo o que facilmente lhe vinha à consciência e que ela conscientemente se lembrava do dia anterior, sempre se referia ao pai. Era bem verdade que ela não conseguia perdoar o pai pela continuação do contato com o Sr. K. e principalmente com a Sra. K. Todavia, sua versão sobre esse contato era diferente da que o próprio pai queria alimentar. Para ela, não havia nenhuma dúvida de era uma relação amorosa trivial a que ligava seu pai à jovem e bela mulher. Nada que pudesse contribuir para confirmar essa proposição escapava à sua percepção implacavelmente apurada nesse particular, *aqui não havia nenhuma lacuna em sua memória*. A convivência com os K. já havia começado antes do grave adoecimento do pai; mas só se tornou íntima quando, durante a doença, a jovem senhora arvorou-se oficialmente de cuidadora, enquanto a mãe se mantinha afastada do leito do enfermo. Na primeira temporada de férias de verão após a convalescença, ocorreram coisas que tiveram necessariamente de abrir os olhos de qualquer pessoa para a verdadeira natureza dessa "amizade". Juntas, as duas famílias haviam alugado uma ala do hotel, e aconteceu de, um dia, a Sra. K. declarar não poder manter o dormitório que até então dividira com um de seus filhos, e poucos dias mais tarde o pai de Dora desistiu de seu quarto, e ambos ocuparam outros quartos nas extremidades, separados apenas pelo corredor, enquanto os quartos de que abriram mão não ofereciam essa garantia contra perturbações. Quando, mais tarde, ela repreendeu o pai por causa da Sra. K., ele costumava dizer que não entendia essa hostilidade e que as crianças teriam, ao contrário, todos os motivos para ser gratas à Sra. K. A mãe, a quem ela então se dirigiu para o esclarecimento sobre essa conversa obscura, comunicou-lhe que o papai, naquela ocasião, estava tão infeliz que havia querido cometer suicídio no bosque; mas a Sra. K., que o teria pressentido, fora atrás dele e, com suas súplicas, tê-lo-ia convencido a se preservar aos seus. Naturalmente ela não acreditava nisso, não há dúvida de que eles teriam sido vistos juntos no bosque, e aí o papai inventou esse conto sobre o suicídio para justificar o encontro amoroso [*Rendezvous*].[30] Quando então retornaram a B., diariamente o papai ficava, em determinadas horas, na casa da Sra. K., enquanto o marido estava na loja. Todas as pessoas estariam falando sobre isso e, de maneira insinuante, indagando-a sobre o assunto. Com frequência, o próprio Sr. K. queixava-se amargamente à mãe de Dora, mas sempre a preservando de alusões ao tema, o que ela parecia considerar delicadeza de sua parte. Passeando juntos, o papai e a Sra. K. sabiam arranjar tudo de tal forma que ficava sozinho com a Sra. K. Não havia dúvidas de que ela tirava dinheiro dele, pois fazia despesas que certamente não podia pagar nem com recursos próprios nem com os do marido. O papai também começou a lhe dar grandes presentes; para disfarçá-los, também se tornou bastante mão aberta com a mãe e com ela própria (Dora). A mulher até então achacada, que inclusive precisou procurar uma clínica psiquiátrica durante meses, pois não conseguia andar, desde então estava saudável e cheia de vida.

Mesmo após terem deixado B., o contato de vários anos continuou, com o pai explicando, de vez em quando, que

---

[30] Essa é a ligação com sua própria comédia suicida, que, portanto, expressa a ânsia por um amor semelhante.

não tolerava o clima rigoroso e precisava fazer algo por si, então começava a tossir e a se queixar, até partir subitamente para B., de onde escrevia as cartas mais animadas. Todas essas doenças apenas eram pretextos para rever sua amiga.[31] Então, um belo dia, ficou decidido que se mudariam para Viena, e ela começou a suspeitar de uma combinação. Realmente, nem sequer fazia três semanas que haviam chegado a Viena, ela veio a saber que os K. também tinham se mudado para Viena. E que no momento também estavam aqui, e que com frequência ela encontrava, na rua, o papai com a Sra. K. que amiúde também encontrava o Sr. K., que ele sempre ficava a segui-la com os olhos, e que, quando certa vez a encontrou andando sozinha, seguiu-a durante um longo trecho para se convencer do lugar aonde ela ia, se ela, por acaso, não teria um encontro amoroso.

Que o papai era insincero, que ele tinha um traço de falsidade em seu caráter, que ele só pensava em sua própria satisfação e tinha o dom de arrumar as coisas da forma que lhe conviesse, tais críticas, ouvi-as principalmente nos dias em que o pai voltou a sentir uma piora em seu estado e partiu para B. por várias semanas, ao que a perspicaz Dora logo acabou por descobrir que também a Sra. K. fizera uma viagem com o mesmo destino para visitar seus parentes.

Eu não pude contestar essa caracterização do pai de maneira geral; também era fácil ver com qual recriminação específica Dora estava munida de razão. Quando estava com o ânimo exasperado, impunha-se a ela a interpretação de que teria sido entregue ao Sr. K. como prêmio por sua tolerância às relações entre sua esposa e o pai de Dora, e era

---

[31] No original, a palavra utilizada – "*Freundin*" – é ambígua, pois tanto pode significar "amiga" quanto "namorada". (N.T.)

possível vislumbrar, por trás do carinho devotado ao pai, a fúria contra esse uso. Em outras ocasióes, ela sabia bem que, com essas falas, tinha se tornado culpada de exagero. Naturalmente os dois homens nunca haviam firmado um pacto formal em que ela tivesse sido tratada como um objeto de troca; sobretudo o pai teria recuado horrorizado diante de uma impertinência dessa natureza. Mas ele era daquele tipo de homens que sabem atenuar um conflito pelo topo, ao falsearem seu julgamento sobre um dos assuntos em oposição. Se lhe tivessem chamado a atenção para a possibilidade de uma relação duradoura e sem vigilância com um homem não satisfeito pela própria mulher poder representar perigo para uma adolescente, certamente ele teria respondido: Ele podia confiar em sua filha, um homem como K. nunca poderia ser perigoso para ela, e seu próprio amigo seria incapaz de tais intenções. Ou então diria: Dora ainda é uma criança e é tratada por K. como criança. Mas, na realidade, as coisas se deram de forma tal que cada um dos homens evitava, a partir do comportamento do outro, extrair qualquer consequência que fosse inconveniente para suas próprias pretensões. Todos os dias, ao longo de um ano inteiro, estando por perto, o Sr. K. autorizou-se a enviar flores a Dora, além de aproveitar qualquer ocasião como pretexto para valiosos presentes e passar todo o seu tempo livre na companhia dela, sem que seus pais reconhecessem, nessa conduta, o caráter de um galanteio amoroso.

No tratamento psicanalítico, quando surge uma sequência de pensamentos corretamente fundamentada e incontestável, há certamente um momento de embaraço para o médico, que o doente aproveita para perguntar: "Mas isso tudo é verdadeiro e correto, não é? O que o senhor está querendo aí modificar, agora que eu lhe contei?". Logo se nota que esses pensamentos inatacáveis pela análise foram utilizados pelo doente para esconder outros que querem escapar à crítica e à consciência. Uma série de censuras contra outras pessoas faz supor uma série de autocensuras com o mesmo conteúdo. É preciso apenas dirigir cada uma das censuras de volta para a própria pessoa do falante. Essa maneira de se defender contra uma autocensura, dirigindo a mesma censura contra outra pessoa, tem algo de inegavelmente automático. Ela encontra seu modelo no "pagar na mesma moeda" das crianças, ao responderem sem hesitar: "Você é um mentiroso", quando são acusadas de terem mentido. No empenho de revidar o insulto, o adulto buscaria qualquer ponto fraco real do adversário, sem colocar o valor principal sobre a repetição do mesmo conteúdo. Na paranoia, essa projeção da censura sobre outro indivíduo torna-se manifesta sem mudança de conteúdo e, por conseguinte, sem apoio na realidade, como um processo de formação de delírio.

As censuras de Dora contra seu pai também estavam sistematicamente "forradas", "revestidas", com autocensuras do mesmo conteúdo, como mostraremos em pormenores: ela tinha razão quanto ao fato de o pai não querer deixar clara a conduta do Sr. K. em relação à sua filha, para não ser incomodado em seu relacionamento com a Sra. K. Mas ela fizera exatamente a mesma coisa. Ela fez-se de cúmplice dessa relação e repeliu todos os indícios que revelavam sua verdadeira natureza. Somente a partir da aventura no lago datavam a sua lucidez sobre esse fato e suas rigorosas exigências ao pai. Durante todos os anos anteriores, ela favoreceu de todas as maneiras possíveis o contato do pai com a Sra. K. Nunca ia à casa da Sra. K. quando suspeitava que seu pai lá estivesse. Ela sabia que, nesse caso, as crianças teriam sido afastadas, e, assim, ajustava seu trajeto de tal modo que encontrasse as crianças e fosse passear com elas. Houvera uma pessoa na casa que, de pronto, quis lhe abrir os olhos para as relações do pai com a Sra. K. e incitá-la a tomar partido contra essa mulher. Tratava-se da sua última preceptora, uma moça mais velha, muito lida e com opiniões liberais.[32] Por algum tempo, professora e aluna entenderam-se bastante bem, até que Dora, de repente, inimizou-se com ela e insistiu para que fosse demitida. Enquanto a senhorita teve influência, usou-a para acirrar os ânimos contra a Sra. K. Expôs à mãe que era incompatível com a sua dignidade tolerar essa intimidade de seu marido com uma estranha; também chamou a atenção de Dora para tudo o que era extravagante nessa convivência. Seus esforços, contudo, foram em vão, Dora manteve-se afeiçoada à Sra. K. e não queria saber de nenhum motivo que a levasse a achar indecoroso o contato do pai com ela. Por outro lado, ela se dava conta muito bem dos motivos que moviam sua preceptora. Apesar de cega por um lado, de outro, era suficientemente perspicaz. Notou que a senhorita estava apaixonada pelo pai. Quando o pai estava presente, ela parecia uma pessoa bem diferente, chegando a ser divertida e solícita. No período em que a família vivia na cidade em que ficava a fábrica e a Sra. K. estava fora do horizonte, sua animosidade se voltava contra a mãe, que, nesse momento, era a rival a ser considerada. Mas tudo isso Dora ainda não

---

[32] Essa preceptora, que lia todos os livros sobre vida sexual e assuntos semelhantes, e conversava com a garota sobre essas leituras, com franqueza lhe pediu, porém, que mantivesse em segredo dos pais tudo o que se relacionasse a isso, pois não se podia saber que ponto de vista eles adotariam a respeito – e foi nessa mulher que busquei, durante algum tempo, a fonte de todo o conhecimento secreto de Dora, e talvez eu não estivesse totalmente equivocado.

lhe levava a mal. Só se indignou quando percebeu que ela própria era totalmente indiferente para a preceptora, e que o amor que esta lhe demonstrava aplicava-se, na verdade, ao pai. Enquanto o pai estava ausente da cidade em que ficava a fábrica, a senhorita não tinha tempo nenhum para ela, não queria ir passear com ela, não se interessava por seus trabalhos. Mal o papai voltava de B. e ela já se mostrava pronta para todos os serviços e assistências. Por isso ela a descartou.

A coitada havia iluminado, com uma lucidez indesejada, uma parte de seu próprio comportamento. Assim como a senhorita era às vezes em relação à Dora, assim também era Dora em relação aos filhos do Sr. K. Assumia o lugar de mãe para eles, instruía-os, saía com eles, oferecendo-lhes um substituto completo para o escasso interesse que a própria mãe lhes demonstrava. Entre o Sr. e a Sra. K., com frequência, veio à baila o tema da separação; ela não se realizou, porque o Sr. K., que era um pai muito carinhoso, não queria abrir mão de nenhum dos dois filhos. Desde o princípio, o interesse comum pelas crianças fora um meio de união do contato entre o Sr. K. e Dora. A ocupação com as crianças era, para Dora, evidentemente, o disfarce que deveria esconder outra coisa de si mesma e de estranhos.

De sua conduta em relação às crianças, bem como do que foi esclarecido através da conduta da senhorita em relação a ela mesma, resultou a mesma consequência que a de sua anuência tácita quanto à convivência do pai com a Sra. K., a saber, que ao longo de todos os anos ela estivera apaixonada pelo Sr. K. Quando formulei essa conclusão, não encontrei nela nenhum assentimento. É verdade que ela imediatamente relatou que também outras pessoas, por exemplo, uma prima que a estivera visitando por algum tempo em B., ter-lhe-iam dito: "Você está mesmo totalmente louca por esse homem"; mas ela própria não queria lembrar-se desses sentimentos. Posteriormente, quando a abundância do material vindo à tona tornou difícil uma negação, ela admitiu que podia ter amado o Sr. K. em B., mas, desde a cena do lago, isso teria passado.[33] De qualquer modo, era certo que a censura por ter feito ouvidos de mercador a deveres incontornáveis e por ter disposto as coisas da maneira mais conveniente à sua própria moção apaixonada, ou seja, a censura que fazia contra o próprio pai, recaía sobre sua própria pessoa.[34]

Por seu turno, a outra reprimenda, de que o pai criaria suas doenças como pretextos e as usaria como meios, cobre também toda uma parte da sua própria história secreta. Um dia, ela queixou-se de um sintoma supostamente novo, dores de estômago lancinantes, e quando perguntei: "Quem você está copiando com isso?", eu acertara em cheio. No dia anterior, ela visitara suas primas, as filhas da falecida tia. A mais jovem ficara noiva, e a mais velha adoecera, nessa ocasião, de dores de estômago e precisou ser levada a Semmering. Ela achava que a mais velha só estava com inveja, pois sempre adoecia quando queria obter algo, e agora queria justamente sair de casa para não ter de assistir à felicidade da irmã.[35] Mas suas próprias dores de estômago testemunhavam que ela se identificava com a prima considerada dissimulada, fosse

---

[33] Comparar com o segundo sonho.

[34] Aqui se coloca esta questão: Se Dora amava o Sr. K., como se justifica sua rejeição na cena do lago ou pelo menos a forma brutal dessa rejeição, que indica exasperação? E como uma moça apaixonada podia ver uma ofensa no galanteio amoroso, que – como veremos posteriormente – não fora formulado, absolutamente, de forma grosseira ou indecorosa?

[35] Um evento cotidiano entre irmãs.

porque também invejava a mais feliz por seu amor, fosse porque via, no destino da irmã mais velha, que acabava de sair de uma relação amorosa infeliz, seu próprio destino refletido.[36] Mas, observando a Sra. K., ela também aprendera como utilizar as doenças de forma proveitosa. Uma parte do ano, o Sr. K. passava viajando; sempre que retornava, encontrava a mulher achacada, embora um dia antes, como Dora sabia, ela estivesse bem de saúde. Dora entendeu que a presença do marido tinha o efeito de fazer a esposa adoecer e que a doença era bem-vinda, para ela esquivar-se dos odiados deveres matrimoniais. Uma observação sobre sua própria alternância entre doença e saúde durante os primeiros anos de menina vividos em B., que de repente inseriu-se nesse ponto, não pode menos do que me fazer suspeitar de que seus próprios estados de saúde, bem como os da Sra. K., deveriam ser considerados em uma dependência semelhante. E que, na técnica da psicanálise, vale a regra de que uma conexão interna, mas ainda recôndita, dá-se a conhecer pela contiguidade, pela vizinhança temporal das ocorrências, exatamente como na escrita um *a* e um *b* colocados um ao lado do outro significam que a partir dali deva ser formada a sílaba *ab*. Dora apresentara inúmeros acessos de tosse com perda de voz; teria a presença ou a ausência do amado exercido influência sobre esse aparecimento e desaparecimento das manifestações da doença? Se esse fosse o caso, então em algum momento se deixaria comprovar uma coincidência denunciadora. Perguntei qual tinha sido a duração média desses acessos. Cerca de três a seis semanas. Quanto tempo teriam durado as ausências do Sr. K.? Ela teve igualmente

---

[36] Outra conclusão a que cheguei a partir das dores de estômago será apresentada posteriormente.

de admitir que entre três e seis semanas. Com sua doença, ela demonstrava, portanto, seu amor por K., assim como sua esposa demonstrava sua aversão a ele. Apenas era lícito supor que ela teria se comportado de forma contrária à da esposa, ficando doente quando ele estava ausente e gozando saúde depois de sua volta. Isso também parecia realmente estar correto, pelo menos durante um primeiro período dos acessos; na verdade, em momentos posteriores, sem dúvida revelou-se uma necessidade de apagar a coincidência entre os acessos de doença e a ausência do homem amado secretamente, para que o segredo não fosse traído pela constância dessa coincidência. Depois restou a duração do acesso como marca de seu significado original.

Lembro-me de ter visto e ouvido àquela época, na clínica de Charcot, que, nas pessoas com mutismo histérico, a escrita entrava vicariamente em lugar da fala. Elas escreviam de maneira mais fluente, mais rápida e melhor do que outros e do que antes. O mesmo acontecera com Dora. Nos primeiros dias de sua afonia, para ela "a escrita sempre fluía da mão com especial facilidade". Como expressão de uma função fisiológica substitutiva, essa peculiaridade criada pela necessidade não exigia, na verdade, nenhum esclarecimento psicológico; mas era notável como era fácil obtê-lo. Quando em viagem, o Sr. K. escrevia-lhe abundantemente, enviava cartões postais; acontecia de ela ser a única informada sobre sua data de retorno, sendo a esposa surpreendida por ele. Além disso, corresponder-se com o ausente com quem não se pode falar é, por sinal, dificilmente menos compreensível do que tentar entender-se pela escrita no caso da falha da voz. A afonia de Dora admitia, pois, a seguinte interpretação simbólica: quando o amado estava distante, ela renunciava à fala; esta havia perdido seu valor, já que não podia falar com ele. Em compensação, a escrita ganhava importância como o único meio de entrar em contato com o ausente.

Será que agora eu vou propor a afirmação de que em todos os casos de afonia periodicamente recorrente deveria ser apresentado o diagnóstico que aponta para a existência de um amado ausente do lugar por certo tempo? Por certo que essa não é minha intenção. A determinação do sintoma no caso de Dora está demasiadamente especificada para que se possa pensar no retorno frequente da mesma etiologia acidental. Mas, então, que valor tem a elucidação da afonia em nosso caso? Será que não nos deixamos enganar, muito mais, por um jogo racional? Não creio. Aqui, é mister recordar a pergunta tantas vezes levantada quanto a saber se os sintomas da histeria seriam de origem psíquica ou somática, ou, admitindo-se o primeiro caso, se todos seriam de modo necessário condicionados psiquicamente. Como no caso de tantas, essa pergunta, por cuja resposta sempre se veem os pesquisadores esforçando-se em vão, não é adequada. O verdadeiro estado das coisas não está incluído em sua alternativa. Pelo que me é dado ver, todo sintoma histérico carece da contribuição de ambos os lados. Ele não pode ocorrer sem certa *complacência somática [somatisches Entgegenkommen]*[37] fornecida por um processo normal ou patológico no interior de um órgão do corpo ou relacionado a esse órgão. Não acontece mais do que uma vez – e a capacidade de se repetir está no caráter do sintoma

---

[37] Termo utilizado por Freud para se referir à facilitação oferecida pelo corpo para a formação de sintomas, de modo que um conflito psíquico pode se soldar a um adoecimento do corpo orgânico, produzindo um sintoma histérico dotado de sentido.

histérico –, se não tiver um significado psíquico, um *sentido*. O sintoma histérico não traz consigo esse sentido, este lhe é emprestado, soldado a ele, por assim dizer, e ele pode, em cada caso, ser diferente, de acordo com a natureza dos pensamentos reprimidos [*unbterdrückten*] que lutam por se expressar. Não obstante, uma série de fatores atua para que as relações entre os pensamentos inconscientes e os processos somáticos que lhes estão disponíveis como meios de expressão organizem-se de modo menos arbitrário e aproximem-se de várias associações típicas. Para a terapia, as determinações fornecidas pelo material psíquico acidental são as mais importantes; solucionam-se os sintomas investigando-se seu significado psíquico. Uma vez removido o que pode ser eliminado pela psicanálise, pode-se, então, formar-se toda sorte de pensamentos, provavelmente pertinentes, sobre as bases somáticas dos sintomas, que em geral são constitutivas e orgânicas. Mesmo em relação aos acessos de tosse e afonia no caso de Dora, não vamos nos restringir à interpretação psicanalítica, mas sim constatar, por trás desta, o fator orgânico de onde proveio a "complacência somática" para que se expressasse a inclinação por um amado temporariamente ausente. E se, nesse caso, a conexão entre expressão sintomática e conteúdo inconsciente do pensamento vier a se impor como algo produzido de forma hábil e engenhosa, então teremos o prazer de ouvir que ela é capaz de provocar a mesma impressão em qualquer outro caso, em qualquer outro exemplo.

Agora, estou preparado para ouvir que um ganho muito modesto indica, portanto, que, graças à psicanálise, nós não devemos mais buscar o enigma da histeria na "labilidade específica das moléculas nervosas" ou na possibilidade de estados hipnoides, mas sim na "complacência somática".

Contra essa observação, faço questão de enfatizar que, dessa maneira, o enigma não apenas recuou um pouco, mas também diminuiu de tamanho. Não se trata mais do enigma inteiro, mas daquela parte dele em que está contido o caráter especial da histeria, *que a diferencia* de outras psiconeuroses. Em todas as psiconeuroses, os processos psíquicos são os mesmos, ao longo de um extenso trajeto, e só então entra em conta a "complacência somática", que propicia aos processos psíquicos inconscientes uma saída para o corporal. Quando não se obtém esse fator, surge desse estado inteiro algo diferente de um sintoma histérico, mas novamente algo aparentado a ele, talvez uma fobia ou uma ideia obsessiva, em suma: um sintoma psíquico.

Retorno, agora, à censura sobre a "simulação" de doenças que Dora levantou contra seu pai. Logo nos foi possível observar que a essa censura correspondiam não apenas autocensuras relativas a estados de doenças anteriores, mas também aquelas que se referiam ao momento presente. Nessa altura, é comum que o médico tenha por tarefa adivinhar e complementar o que a análise apenas lhe fornece em forma de alusões. Tive de chamar a atenção da paciente para o fato de sua atual doença ser justamente tão motivada e tendenciosa quanto a da Sra. K., como ela entendera. Afirmei não haver dúvida de que ela tinha em vista uma meta que esperava alcançar por meio de sua doença. Mas esta não poderia ser outra senão fazer com que o pai se afastasse da Sra. K. Com pedidos e argumentos, ela não teria logrado fazê-lo; e talvez tivesse a esperança de alcançá-lo assustando o pai (com a carta de despedida), despertando sua compaixão (por meio dos ataques de desmaios), e, se tudo isso não servisse para nada, estaria, no mínimo, vingando-se dele. Eu disse que ela devia saber muito bem o quanto ele era apegado a ela, e que seus olhos se enchiam de lágrimas sempre que lhe perguntavam pelo estado de sua filha. Afirmei estar convicto de que ela imediatamente estaria bem de saúde se o pai lhe explicasse que, pela saúde da filha, sacrificaria a Sra. K. E que eu esperava que ele não se deixasse levar a fazê-lo, pois, então, ela ficaria sabendo que instrumentos de poder ela teria nas próprias mãos e certamente não perderia a chance, em todas as ocasiões futuras, de voltar a fazer uso de suas possibilidades de adoecer. Mas, continuei, se o pai não cedesse, eu já estaria totalmente preparado para o fato de que ela não renunciaria tão facilmente a sua doença.

Omitirei os detalhes pelos quais foi possível concluir como tudo isso estava perfeitamente correto, optando por adicionar algumas observações gerais sobre o papel dos *motivos do adoecimento* na histeria. Deve-se fazer uma distinção conceitual bem clara entre os motivos do adoecimento e as possibilidades de adoecer, ou seja, do material a partir do qual são produzidos os sintomas. Eles não têm participação nenhuma na formação dos sintomas e, também, não estão presentes no início da doença; só aparecem secundariamente, mas é apenas a partir de seu surgimento que a doença estará inteiramente constituída.[38] Pode-se contar

---

[38] [*Nota acrescida em 1923:*] Aqui nem tudo está correto. Não se pode manter a afirmação de que os motivos da doença não estão presentes no início da doença e só aparecem secundariamente. Pois na próxima página já serão apresentados alguns motivos de adoecimento que existem antes da irrupção da doença e são corresponsáveis por essa irrupção. Posteriormente forneci uma fundamentação melhor a esse estado de coisas, ao introduzir uma distinção entre *ganho primário* e *ganho secundário da doença*. O motivo para adoecer é, em todos os casos, a intenção de um ganho. Em relação ao ganho secundário da doença, vale o que está dito nas frases subsequentes deste parágrafo. Mas um

com sua presença em todo e qualquer caso que indique um verdadeiro sofrimento e que tenha uma duração mais longa. Para a vida psíquica, o sintoma é primeiramente um hóspede indesejável, tem tudo contra si e é por isso que também, ao que parece, desaparece facilmente por si só sob a influência do tempo. No início, ele não tem nenhuma utilização vantajosa no domicílio psíquico, mas, com muita frequência, ele a obtém de maneira secundária; alguma corrente psíquica acha cômodo servir-se do sintoma e, assim, este alcança uma função secundária e fica como que ancorado na vida anímica. Aquele que quiser tornar o doente saudável esbarra, então, para seu espanto, em uma grande resistência que o ensina que o doente não leva tão a sério, não de forma total,[39] a intenção de abandonar o sofrimento. Imagine-se um operário, por exemplo, um telhadista, que fica inválido após sofrer uma queda e que agora leva uma vida miserável pedindo esmolas em uma esquina. Chega, então, um milagreiro, prometendo-lhe endireitar sua perna e fazê-lo novamente andar. Acho que não se deve esperar uma expressão de especial alegria em seu rosto. Com certeza

---

ganho primário da doença deve ser reconhecido em todo adoecimento neurótico. O adoecimento evita primeiramente uma operação psíquica, revela-se como a solução economicamente mais cômoda no caso de um conflito psíquico (fuga *na doença*), ainda que, na maioria dos casos, o caráter inadequado desse tipo de saída se mostre mais tarde inequívoco. Essa parte do ganho primário da doença pode ser designada como interna, psicológica; ela é, por assim dizer, constante. Ademais, fatores externos, como a situação da esposa reprimida pelo marido, apresentada como exemplo, podem fornecer motivos para o adoecimento e, dessa forma, produzir a parte externa do ganho primário da doença.

[39] Um literato, que, aliás, também é médico, Arthur Schnitzler, expressou esse conhecimento de maneira muito correta em sua obra *Paracelsus*.

ele se sentiu extremamente infeliz quando sofreu a lesão e notou que nunca mais poderia trabalhar, que teria de passar fome ou viver de esmolas. Mas, desde então, aquilo que, em um primeiro momento, deixou-o sem ocupação também se tornou sua fonte de renda; ele vive de sua invalidez. Se esta lhe for tirada, talvez ele fique totalmente desamparado; nesse ínterim, já esqueceu seu ofício, perdeu seus hábitos de trabalho, acostumou-se ao ócio, e talvez também à bebida.

Os motivos para adoecer começam a se manifestar muitas vezes já na infância. A criança sedenta de amor que não gosta de dividir o carinho dos pais com seus irmãos percebe que este volta a afluir totalmente para ela, quando os pais se veem preocupados com o seu adoecimento. Agora ela conhece um meio para atrair o amor dos pais e fará uso dele, tão logo disponha do material psíquico para produzir uma doença. Quando a criança então se torna uma mulher e, em total contradição com exigências de sua infância, encontra-se casada com um homem pouco atencioso, que reprime [*unterdrückt*] a sua vontade, aproveita-se impiedosamente da sua força de trabalho e não lhe oferece nem carinho nem dinheiro, então a doença passa a ser sua única arma para se afirmar na vida. Ela lhe proporciona a ansiada consideração, ela obriga o homem a sacrificar dinheiro e respeito, os quais ele não teria precisado proporcionar à esposa saudável, obriga-o, no caso da recuperação, a tratá-la com prudência, pois, do contrário, está ameaçado de haver uma recaída. O caráter aparentemente objetivo, involuntário, do estado de doença, que o médico que está tratando também precisa referendar, possibilita a ela, sem censuras conscientes, essa utilização adequada de um meio que, durante a infância, ela constatou ser eficaz.

E não se pode negar que esse adoecimento seja obra da intenção! Os estados de doença geralmente são destinados a uma determinada pessoa, de modo que eles desaparecem quando ela se afasta. O julgamento mais rude e mais banal sobre a doença dos histéricos que se pode ouvir da boca de parentes incultos e de cuidadoras é, em certo sentido, correto. É verdade que a mulher que jaz paralisada na cama saltaria do leito se irrompesse um incêndio no quarto, que a esposa mimada esqueceria todos os sofrimentos se um filho seu adoecesse com risco de morte ou se uma catástrofe ameaçasse a condição da casa. Todos que falam assim desses doentes têm razão, à exceção de um ponto, ou seja, ao negligenciarem a diferença psicológica entre consciente e inconsciente, o que ainda é permitido na criança, mas não mais é admissível no adulto. Por esse motivo, todas essas garantias de que é apenas uma questão de vontade e todos os encorajamentos e insultos de nada servem aos doentes. Primeiramente é preciso tentar, pelo caminho tortuoso da análise, convencer da existência de sua própria intenção de adoecer.

No caso da histeria, de modo bem genérico, a fraqueza de toda e qualquer terapia, inclusive da psicanalítica, reside no combate aos motivos da doença. Para o destino, as coisas são mais fáceis nesse caso, ele não precisa atacar nem a constituição nem o material patogênico do doente; ele elimina um motivo de adoecimento, e o doente fica temporariamente, talvez até permanentemente, livre da doença. Quantas curas milagrosas a menos e quantos desaparecimentos espontâneos de sintomas nós, médicos, admitiríamos, se pudéssemos discernir, mais amiúde, os interesses de vida que os doentes nos ocultam! Aqui um prazo se esgotou, cessou a consideração por uma segunda pessoa, uma situação foi radicalmente alterada por um evento externo, e o sofrimento até então obstinado foi eliminado de um só golpe, aparentemente de modo espontâneo, na verdade porque lhe foi subtraído o motivo mais poderoso, uma de suas utilidades na vida.

Provavelmente, serão encontrados, em todos os casos plenamente desenvolvidos, motivos que sustentam a condição de estar doente. Mas existem casos com motivos puramente internos, tais como autopunição, isto é, arrependimento e penitência. Nessas situações, considerar-se-á mais fácil solucionar a tarefa terapêutica do que quando a doença se relaciona com a consecução de uma meta externa. Essa meta, para Dora, era claramente sensibilizar o pai e afastá-lo da Sra. K.

Além disso, nenhum dos seus atos parecia tê-la exasperado tanto quanto sua presteza em considerar a cena do lago um produto da sua fantasia. Ela ficava fora de si quando pensava que poderia ter imaginado algo naquela ocasião. Durante muito tempo, fiquei constrangido em adivinhar que autocensura se escondia por trás da sua recusa apaixonada a essa explicação. Tinha-se razão em supor ali atrás algo escondido, pois uma censura que não procede também não ofende de maneira duradoura. Por outro lado, cheguei à conclusão de que o relato de Dora devia corresponder à verdade em todos os aspectos. Depois de justamente haver entendido a intenção do Sr. K., ela não o deixou explicar-se, aplicou-lhe uma bofetada no rosto e saiu em desabalada carreira. Seu comportamento deve então ter parecido tão incompreensível ao homem, que ficara para trás, quanto a nós, pois, com base em inúmeros pequenos indícios, ele tivera de concluir, havia muito tempo, estar certo da inclinação da moça. Na discussão sobre o segundo sonho, encontraremos, então, tanto a solução desse enigma quanto a autocensura em vão buscada no início.

Quando as acusações contra o pai retornaram com uma monotonia estafante, e a tosse manteve-se paralelamente, tive de pensar que esse sintoma poderia ter um significado relacionado ao pai. Além disso, as exigências que estou acostumado a fazer à explicação de um sintoma estavam longe de ser satisfeitas. Conforme uma regra que eu sempre vi confirmar-se, mas que ainda não tive a coragem de formular como uma proposição geral, um sintoma significa a figuração – realização – de uma fantasia com conteúdo sexual, portanto, uma situação sexual. Seria melhor eu dizer que pelo menos *um* dos significados de um sintoma corresponde à representação de uma fantasia sexual, ao passo que, para os outros significados, não existe essa restrição de conteúdo. O fato de um sintoma ter mais de um significado, de servir simultaneamente à figuração de vários cursos de pensamentos inconscientes, é algo que se aprende logo, quando se empreende o trabalho psicanalítico. Ainda gostaria de acrescentar que, segundo minhas estimativas, um único curso de pensamento inconsciente ou fantasia dificilmente bastará para a produção de um sintoma.

Não demorou muito e surgiu a oportunidade de atribuir à tosse nervosa uma interpretação como essa com base em uma situação sexual fantasiada. Quando ela voltou a frisar que a Sra. K. amava o papai apenas porque ele era *um homem de posses* [*ein vermögender Mann*],[40] notei, a partir de certas

---

[40] Freud usa o adjetivo "*vermögend*", que, em termos atuais, significa "bem situado", "com recursos", "rico". Logo em seguida, faz um jogo de palavras com o adjetivo "*unvermögend*", no sentido de "impotente". *O Dicionário Alemão dos Irmãos Grimm* [*Deutsches Wörterbuch von Jacob Grimm und Wilhelm Grimm* registra, entre outros sinônimos de "*unvermögend*", a ideia de "*unfähig*" [incapaz]. No *Neues Wörterbuch der Deutschen und portugiesischen Sprache* [Novo dicionário das línguas alemã e portuguesa],

circunstâncias secundárias de sua expressão, as quais aqui omitirei, assim como a maioria dos aspectos puramente técnicos do trabalho analítico, que por detrás daquela frase se escondia seu oposto: o pai o era *um homem sem posses/ impotente* [*ein unvermögender Mann*]. Isso só podia ser entendido sexualmente, a saber: o pai, enquanto homem, não tinha posses, era impotente.[41] Após ela haver confirmado essa interpretação a partir de seu conhecimento consciente, mostrei-lhe em que contradição ela estava caindo, ao insistir, por um lado, que a relação com a Sra. K. era uma relação amorosa comum, e, por outro lado, ao afirmar que o pai era impotente, portanto, incapaz de tirar proveito de uma relação dessa natureza. Sua resposta mostrou que ela não precisou reconhecer a contradição. Disse que sabia muito bem que havia mais de uma maneira de satisfação sexual. Todavia, a fonte desse discernimento lhe era novamente inencontrável. Quando prossegui perguntando se ela se referia à utilização de outros órgãos, além dos genitais, para a relação sexual, ela respondeu afirmativamente, e pude continuar: ela então estaria pensando justamente naquelas partes do corpo que nela estariam em estado de irritação (garganta, cavidade oral). Evidentemente ela nada queria saber de seus pensamentos até esse ponto, mas, se era isso que devia viabilizar o sintoma, ela tampouco poderia ter se dado conta disso por completo. Mas era irrefutável a complementação de que, com sua tosse espasmódica, que,

---

de Henriette Michaelis, publicado na segunda metade do século XIX, "*vermögend*" significa "que tem a força, a faculdade", além de "rico", "endinheirado" etc. No mesmo dicionário, "*unvermögend*" é traduzido como "sem dinheiro", "sem fortuna", "pobre", "impotente". (N.T.)

[41] Aqui Freud utiliza o adjetivo "*impotent*" (impotente). (N.T.)

como é comum, tinha como estímulo uma coceira[42] na garganta, ela imaginava uma situação de satisfação sexual *per os*[43] entre as duas pessoas cuja relação amorosa a ocupava continuamente. O fato de a tosse ter desaparecido em pouquíssimo tempo após ela ter recebido, calada, esse esclarecimento vinha, naturalmente, muito bem a calhar; mas não queríamos atribuir demasiada importância a essa alteração, uma vez que ela já havia surgido tantas vezes espontaneamente.

Se, para o leitor médico, esta pequena parte da análise houver despertado, além da incredulidade a que ele tem direito, estranheza e horror, estou pronto para pôr à prova, nesta altura, essas duas reações no tocante à sua legitimidade. Estranheza, penso eu, motivada pela minha ousadia de falar com uma jovem moça – ou, de modo geral, com uma mulher feita,[44] na idade da sexualidade – sobre coisas

---

[42] Em alemão, o termo utilizado por Freud é "Kitzel", que pode significar, por exemplo: "cócegas", "coceira", "comichão", "entusiasmo", "euforia". Esse vocábulo dá origem ao termo *"Kitzler"*, que significa "clitóris", em português. (N.T.)

[43] Freud utilizou a expressão latina *"per os"*, que significa "via oral", em português. (N.T.)

[44] Nesta história clínica, Freud usa diferentes palavras que designam a pessoa do sexo feminino, que nem sempre podem, nesta versão, ser traduzidas literalmente. No período anterior, Freud recorre ao termo *"Weib"*, que tem as seguintes acepções, conforme o dicionário alemão Duden (https://www.duden.de/woerterbuch): a) mulher como ser sexual em oposição ao homem (fêmea); b) mulher (jovem) como objeto de cobiça sexual, como parceira sexual (em potencial); c) (pejorativo) pessoa desagradável do sexo feminino; d) (antiquado ou jocoso) esposa. No caso anterior, optou-se por traduzir *"Weib"* como "mulher feita". Em outras situações, Freud também usa o termo *"Frau"*, que pode significar: a) pessoa adulta do sexo feminino (mulher, senhora);

tão delicadas e tão horríveis. O horror concerne, sem dúvida, à viabilidade de que uma moça pura possa saber de semelhantes práticas e ocupar-se delas em sua fantasia. Em ambos os pontos eu aconselharia moderação e prudência. Não há, nem aqui nem ali, um motivo para indignação. Pode-se falar, com moças e senhoras, sobre todas as coisas sexuais, sem prejudicá-las e sem se colocar sob suspeição, desde que, em primeiro lugar, adote-se uma determinada maneira de fazê-lo e, em segundo, nelas seja despertada a convicção de que isso é inevitável. Na verdade, sob essas mesmas condições, o ginecologista também se autoriza a submetê-las a todos os desnudamentos possíveis. A melhor maneira de falar sobre essas coisas é seca e direta; ela é, ao mesmo tempo, a que está mais distante da lascívia com que os mesmos temas são abordados na "sociedade" e com a qual garotas e senhoras estão bastante acostumadas. Dou aos órgãos e processos seus nomes técnicos e os comunico

---

b) cônjuge do sexo feminino (esposa); c) a senhoria, a dona da casa; d) "senhora" (tratamento junto ao sobrenome de uma mulher). Um outro termo empregado pelo autor é *"Dame"*: a) termo usado para designar uma mulher no contexto social (mulher, senhora); b) mulher com formação, bem cuidada (mulher culta, mulher fina); c) mulher de família nobre. Encontra-se ainda o termo *"Fräulein"*, que tem as seguintes acepções: a) (jovem) mulher solteira e sem filhos (moça); b) tratamento usado junto ao nome de uma solteira, atualmente em desuso (senhorita); c) forma de designar uma mulher em determinadas funções (p. ex.: garçonete). Na presente história clínica, Freud alterna o termo *"Gouvernante"* (preceptora) com *"Fräulein"*; nesta versão, ambos foram traduzidos como "preceptora". Por fim, surge o termo *"Mädchen"*, que designa: a) criança do sexo feminino (menina, garota etc.); b) jovem mulher (moça); c) namorada; d) empregada doméstica. No trecho anterior, Freud faz uma oposição entre *"junges Mädchen"* (jovem moça) e *"Weib"* (mulher feita). (N.T.)

quando por acaso eles – os nomes – são desconhecidos. *"J'appelle un chat un chat."*[45] Certamente ouvi falar de pessoas, médicos e não médicos, que se escandalizam com uma terapia em que ocorra esse tipo de conversa e que parecem invejar a mim ou às pacientes por causa da comichão que, segundo sua expectativa, ali se admite. Mas conheço a decência desses senhores demasiadamente bem para me enervar com eles. Vou evitar a tentação de escrever uma sátira. Só uma coisa eu gostaria de mencionar, que muitas vezes experimento a satisfação de mais tarde ouvir, de uma paciente para quem, no início, não era fácil a franqueza nas questões sexuais, a seguinte exclamação: "Não, o seu tratamento, em muitos aspectos, é muito mais decente do que as conversas do Sr. X.!".

É preciso estar convencido da inevitabilidade de abordar temas sexuais, antes de se empreender um tratamento de histeria, ou então se deverá estar preparado para se deixar

---

[45] A expressão francesa *"J'appelle un chat un chat"* corresponde à ideia de falar com franqueza, sem rodeios. Há em português, por exemplo, as seguintes expressões correspondentes: "Dar nome aos bois" e "Chamar a coisa pelo nome". Segundo o *Dictionnaire des expressions et locutions: les usuels du Robert* (1991), a forma dessa expressão foi estabelecida por Nicolas Boileau (1666) em um verso de uma de suas sátiras e teria, pelo uso da palavra *"chat"*, um sentido obsceno (antigamente mais no sentido de "pelos pubianos"), que hoje em dia está mais presente no uso do termo feminino *"chatte"* ("gata", mas também, na língua popular/vulgar, "órgão sexual feminino"). O mesmo dicionário também aponta ser quase certo que, na origem, essa expressão idiomática francesa, primeiramente adaptada pelo escritor Rabelais, tivesse conteúdo obsceno. Na adaptação, o termo francês *"chat"* corresponderia a expressões gregas e latinas similares com o vocábulo "figo", que, por seu turno, também costumava ser metaforizado como "órgão sexual feminino" nas duas línguas. (N.T.)

convencer através de experiências. Dizemo-nos, então: *pour faire une omelette il faut casser des œufs*.[46] Os próprios pacientes são fáceis de convencer; ao longo do tratamento, há muitas ocasiões para fazê-lo. Não é preciso nenhuma reprimenda por falar com eles sobre fatos da vida sexual normal ou anormal. Se formos bastante cuidadosos, nós lhes traduzimos para o consciente aquilo que eles já sabem no inconsciente, e todo o efeito do tratamento se apoia, de fato, na compreensão de que os efeitos dos afetos de uma ideia inconsciente são mais fortes e, por não poderem ser inibidos, mais danosos do que os de uma ideia consciente. Jamais se corre o perigo de prejudicar uma moça inexperiente; sempre que no inconsciente não houver nenhum conhecimento de processos sexuais, também não ocorrerá nenhum sintoma histérico. Quando uma histeria é identificada, não há como falar em "inocência de pensamentos" no sentido dos pais e educadores. No caso de crianças de 10, 12 e 14 anos, meninos ou meninas, convenci-me da confiabilidade dessa afirmação, sem exceções.

No que concerne à segunda reação emocional, que, no caso de eu estar com a razão, não mais se dirige a mim, mas à paciente, e que considera horrível o caráter perverso de suas fantasias, gostaria de enfatizar que essa condenação apaixonada não compete ao médico. Também considero,

---

[46] Freud escreveu em francês a expressão "*Pour faire une omelette il faut casser des œufs*" [literalmente: "Para fazer uma omelete, é preciso quebrar ovos"], cuja forma original seria: "*On ne fait pas d'omelette sans casser des œufs*" [literalmente: "Não se faz omelete sem quebrar ovos"]. Segundo o *Dictionnaire des expressions et locutions: les usuels du Robert*, trata-se de um adágio culinário de meados do século XIX, que foi utilizado, por exemplo, por Honoré de Balzac, e aponta "em sua estrutura semântica do léxico uma razão para justificar os abusos e os crimes". (N.T.)

entre outras coisas, supérfluo que um médico que escreve sobre os desvios das pulsões sexuais aproveite toda oportunidade para incluir, no texto, a expressão de sua aversão pessoal a coisas tão adversas. Estamos diante de um fato, e é de se esperar que nos acostumemos a ele, reprimindo os nossos gostos pessoais. Precisamos ser capazes de falar sem que haja ofensa sobre aquilo que chamamos de perversões sexuais, a saber, as transgressões da função sexual no âmbito do corpo, bem como no do objeto sexual. A própria indeterminação dos limites do que deve ser chamado de vida sexual normal em diferentes raças e em diferentes épocas já deveria arrefecer os mais zelosos. Também não podemos esquecer que a mais adversa das perversões para nós, o amor sensual de um homem por outro homem, não apenas era tolerada em um povo culturalmente muito superior a nós, os gregos, como também lhe confiavam importantes funções sociais. Cada um de nós, em sua própria vida sexual, ora aqui, ora ali, transgride um pouquinho mais os estreitos limites do que se julga normal. As perversões não são bestialidades nem degenerações no sentido patético da palavra. São desenvolvimentos de germes contidos, em sua totalidade, na constituição sexual indiferenciada da criança, cuja repressão ou viragem para metas superiores, assexuais – sua *sublimação* –, está destinada a fornecer as forças para um bom número de nossas realizações culturais. Se, portanto, alguém se *tornou* perverso de modo grosseiro e manifesto, então se poderá dizer, com mais justeza, que ele *permaneceu* como tal, pois ele representa um estágio de uma inibição. Todos os psiconeuróticos são pessoas com inclinações perversas vigorosas, mas recalcadas e tornadas inconscientes no curso do desenvolvimento. Por essa razão, suas fantasias inconscientes exibem exatamente o mesmo conteúdo que as ações constatadas nos autos dos perversos, ainda que não tenham lido a *"Psychopathia" sexualis*, de Von Krafft-Ebing, à qual pessoas ingênuas atribuem tanta cumplicidade no surgimento de tendências perversas. As psiconeuroses são, por assim dizer, o *negativo* das perversões. A constituição sexual em que também está incluída a expressão da hereditariedade age nos neuróticos juntamente com as influências acidentais da vida. As forças pulsionais da formação de sintomas histéricos não são fornecidas apenas pela sexualidade normal recalcada, mas também pelas moções perversas inconscientes.[47]

As perversões menos repulsivas entre as chamadas perversões sexuais gozam da mais ampla divulgação em nossa população, como sabe qualquer pessoa, à exceção do médico que escreve sobre esses temas. Ou, tanto mais, o autor também o sabe; só que ele se esforça em esquecê-lo no instante em que toma da pena para escrever. Portanto, não é assombroso que a nossa histérica, prestes a completar 19 anos, que ouviu falar da ocorrência desse tipo de relação sexual (sucção do membro viril), tenha desenvolvido uma fantasia inconsciente dessa natureza, expressando-a através da sensação de comichão na garganta e tosse. Também não seria assombroso se ela, sem esclarecimento externo, houvesse chegado a tal fantasia, como comprovei com certeza em outras pacientes. É que, no seu caso, um fato digno de

---

[47] Essas proposições sobre perversões sexuais foram escritas vários anos antes do excelente livro de I. Bloch (*Beiträge zur Ätiologie der Psychopathia sexualis* [Contribuições para a etiologia da *Psyhcopathia sexualis*]. 1902 e 1903). Conferir também meus ensaios publicados neste ano (1905) *Drei Abhandlungen zur Sexualtheorie* [Três ensaios sobre a teoria sexual]. (5. ed. 1922. Encontra-se no volume V das *Ges. Werke.*)

nota propiciou a precondição somática para essa criação independente de uma fantasia, que, por sua vez, coincide com a prática dos perversos. Ela se lembrava muito bem de que, em sua infância, havia sido uma *"chupadora"* [*Lutscherin*]. O pai também se recordava de tê-la feito perder aquele hábito que se manteve até o quarto ou quinto ano de vida. A própria Dora tinha clara na memória uma imagem de seus anos de criança pequena em que estava sentada no chão em um canto, chuchando o polegar esquerdo, enquanto, com a mão direita, puxava o lóbulo da orelha do irmão tranquilamente sentado a seu lado. Essa é a forma plena da autossatisfação[48] através do chuchar que outras pacientes – posteriormente anestéticas e histéricas – também me relataram. De uma delas recebi uma indicação que lança uma clara luz sobre a origem desse hábito singular. A jovem senhora, que nunca perdera o hábito de chuchar, viu-se em uma lembrança da infância, supostamente da primeira metade de seu segundo ano de vida, mamando no peito de sua ama e, ao mesmo tempo, puxando ritmicamente o lóbulo de sua orelha. Acho que ninguém quererá contestar que é lícito declarar a mucosa labial e oral como uma zona *erógena* primária, já que ela ainda manteve uma parte desse significado para o beijo, que é considerado normal. A extensiva ativação precoce dessa zona erógena é, portanto, a condição para a complacência somática posterior do trato da mucosa que começa nos lábios. Se, em um momento em que o objeto sexual propriamente dito, o membro masculino, já for conhecido, surgirem circunstâncias que voltem a aumentar a excitação da zona da boca, que conservou seu

---

[48] A palavra escrita por Freud em alemão, *"Selbstbefriedigung"*, admite duas leituras: "autossatisfação" e "masturbação". (N.T.)

caráter erógeno, então não será necessário nenhum grande dispêndio de força criadora para, na situação da satisfação, colocar o mamilo original e o dedo, seu substituto, em lugar do atual objeto sexual, o pênis. Isso posto, essa fantasia perversa extremamente chocante de sugar o pênis [*saugen am Penis*] tem a mais inofensiva origem; é a reelaboração de uma impressão, que pode ser chamada de pré-histórica, de sugar o seio da mãe ou da ama, uma impressão comumente revivida no contato com crianças amamentadas. Na maioria das vezes, o úbere da vaca tem servido, nesse caso, como uma adequada representação intermediária entre mamilo e pênis.

A interpretação dos sintomas da garganta de Dora que acabamos de mencionar também pode dar lugar a outra observação. Pode-se perguntar de que maneira essa situação sexual fantasiada combina com a outra explicação de que o aparecimento e o desaparecimento de manifestações patológicas imitam a presença e a ausência do homem amado, portanto, incluindo a conduta da esposa, expressa o pensamento: Se eu fosse sua mulher, eu iria amá-lo de uma maneira bem diferente, ficaria doente (de saudade, digamos), quando ele viajasse, e com saúde (de alegria), quando ele estivesse novamente em casa. A isso preciso responder, de acordo com as minhas experiências na solução de sintomas histéricos: não é necessário que os diferentes significados de um sintoma sejam compatíveis entre si, isto é, que se complementem em um contexto articulado. Basta que o contexto seja produzido pelo tema que deu origem às diversas fantasias. Além disso, em nosso caso, essa compatibilidade não está excluída; um dos significados está mais aderido à tosse, o outro, à afonia e à progressão dos estados; é provável que uma análise mais refinada teria permitido reconhecer com maior sutileza os detalhes da doença. Já aprendemos que um sintoma atende, de maneira muito regular, a diversos significados *simultaneamente*; acrescentemos, agora, que ele também pode dar expressão a muitos significados *sucessivamente*. O sintoma pode modificar um de seus significados ou seu significado principal, com o passar dos anos, ou o papel principal pode passar de um significado para outro. É como um traço conservador no caráter da neurose que o sintoma, uma vez formado, seja possivelmente preservado, ainda que o pensamento inconsciente, que nele encontrou sua expressão, também tenha perdido seu significado. Mas também é fácil explicar mecanicamente essa tendência à conservação do sintoma; a produção de um sintoma como esse é tão difícil, ou seja, a transferência da moção puramente psíquica para o corporal, aquilo que chamei de *conversão*, está atrelada a tantas condições que favorecem uma complacência somática, necessária para a conversão, e é tão pouco fácil de ser alcançada, que a pressão [*Drang*] da descarga da moção vinda do inconsciente acaba levando a se contentar, eventualmente, com a via de descarga já transitável. Bem mais fácil que a criação de uma nova conversão parece ser a produção de vínculos associativos entre um novo pensamento que precisa de descarga e o antigo que perdeu essa necessidade. Pela via assim facilitada, flui a moção a partir da nova fonte de excitações até o lugar anterior de descarga, e o sintoma assemelha-se, segundo a expressão do evangelho, a um velho odre que é preenchido com vinho novo. Por mais que, seguindo essas reflexões, a parte somática do sintoma histérico pareça o elemento mais constante, mais difícil de substituir, e a parte psíquica, o elemento variável, mais fácil de representar, então, que não se queira inferir dessa relação uma hierarquia entre ambas. Para a terapia psíquica, a parte psíquica sempre é a mais significativa em todos os casos.

A incessante repetição dos mesmos pensamentos sobre a relação de seu pai com a Sra. K. ofereceu à análise de Dora a oportunidade de um aproveitamento ainda mais importante.

É lícito designar um curso de pensamento como esse de *hiperintenso*, ou melhor, *reforçado*, *hipervalente*, no sentido de Wernicke. Apesar de seu conteúdo aparentemente correto, ele revela-se doentio pela peculiaridade de que, em que pesem todos os esforços de pensamento conscientes e deliberados da pessoa, não se pode dissolvê-lo nem o eliminar. Um curso normal de pensamento, por intenso que seja, pode finalmente ser dissipado. Finalmente, supera-se uma sequência normal e ainda tão intensa de pensamentos. Dora sentia acertadamente que seus pensamentos sobre o pai exigiam uma apreciação especial. "Não consigo pensar em outra coisa", queixava-se repetidas vezes. "Meu irmão me diz, na verdade que nós, os filhos, não temos o direito de criticar esses atos do papai. Não devemos preocupar-nos com isso e talvez até devamos alegrar-nos por ele ter encontrado uma mulher a quem pode confiar seu coração, já que a mamãe o entende tão pouco. Eu entendo isso e também gostaria de pensar como meu irmão, mas não consigo. Não posso perdoá-lo."[49]

O que se faz agora diante de um pensamento hipervalente como esse, depois de ouvir sua fundamentação consciente, bem como as inúteis objeções contra ele? Dizemos que *esse curso* hiperintenso *de pensamentos deve seu reforço ao*

---

[49] Unido às profundas alterações de humor, um pensamento hipervalente como esse é, com frequência, o único sintoma de um estado de doença comumente chamado de "melancolia", mas pela Psicanálise, pode ser solucionado como uma histeria.

inconsciente. O trabalho de pensamento não pode solucioná-lo, seja porque ele próprio chega com suas raízes até o material inconsciente, recalcado, seja porque outro pensamento inconsciente esconde-se por detrás dele. Este último é quase sempre seu oposto imediato. Opostos sempre estão estreitamente ligados entre si e, muitas vezes, são emparelhados de tal maneira que *um* pensamento *é hiperintensamente consciente, mas* sua *contrapartida é recalcada e inconsciente*. Essa relação é um resultado do processo de recalcamento. De fato, o recalcamento muitas vezes realizou-se de uma maneira que o oposto do pensamento a ser recalcado foi reforçado de modo excessivo. Chamo a isso *reforço reativo*, e *pensamento reativo* a um dos pensamentos que se afirma com hiperintensidade na consciência e mostra-se indissolúvel à maneira de um preconceito. Em sua relação mútua, os dois pensamentos comportam-se mais ou menos como as duas agulhas de um galvanômetro. Mediante certo excesso de intensidade, o pensamento reativo retém, no recalcamento, o pensamento chocante; mas, ao fazê-lo, ele próprio fica "amortecido" e imune ao trabalho consciente de pensamento. Então, tornar consciente o oposto recalcado é o caminho para retirar do pensamento hiperintenso o seu reforço.

Também não devemos excluir de nossas expectativas o caso de ocorrer não um de ambos os fundamentos da hipervalência, mas, sim, uma concorrência de ambos. Podem também acontecer outras complicações, mas será fácil incorporá-las.

Tentemos fazê-lo, inicialmente, mediante o exemplo que Dora nos fornece, com a primeira hipótese de que ela própria desconhecia a raiz de sua inquietação compulsiva quanto à relação do pai com a Sra. K., por esta situar-se no inconsciente. Não é difícil adivinhar essa raiz a partir das circunstâncias e manifestações. Era evidente que sua conduta ia bem além da esfera de participação de filha, sentia-se e agia muito mais como uma esposa ciumenta, como se consideraria compreensível no caso de sua mãe. Com sua exigência: "ela ou eu", com as cenas por ela protagonizadas e com a ameaça de suicídio que fez entrever, era evidente que ela estava se colocando no lugar da mãe. Se adivinhamos corretamente a fantasia de uma situação sexual que estava na base de sua tosse, então, nessa fantasia, ela ocupava o lugar da Sra. K. Identificava-se, portanto, com as duas mulheres amadas pelo pai, a de agora e a de outrora. A conclusão é evidente, de que sua inclinação estava voltada para o pai em maior medida do que ela sabia ou mais do que gostaria de haver admitido, de que estava por ele apaixonada.

Aprendi a ver essas relações amorosas inconscientes entre pai e filha, mãe e filho, conhecidas por suas consequências anormais, como o reavivamento de germes de sensações infantis. Expus em outro lugar[50] o quão precocemente se faz valer a atração sexual entre pais e filhos, e mostrei que a fábula de Édipo deve provavelmente ser entendida como a elaboração poética do que há de típico nessas relações. Essa inclinação precoce da filha pelo pai, do filho pela mãe, da qual provavelmente se encontra uma pista clara na maioria das pessoas, deve necessariamente ser suposta mais intensa, desde o início, no caso das crianças constitucionalmente destinadas à neurose, de amadurecimento precoce e famintas de amor. Destacam-se, então, certas influências, que aqui não abordaremos, que fixam a moção amorosa rudimentar ou

---

[50] Na *Traumdeutung* [*A interpretação do sonho*], p. 178 (8. ed., p. 180), e no terceiro ensaio dos *Abhandlungen zur Sexualtheorie* [Ensaios sobre a teoria sexual] (5. ed., 1922).

fortalecem-na a ponto de esta, ainda na infância ou apenas a partir da puberdade, dar origem a algo que é equiparável a uma inclinação sexual e que, como esta, reivindica, para si, a libido.[51] As circunstâncias externas, no caso de nossa paciente, não são exatamente desfavoráveis a uma hipótese como essa. Sua constituição sempre a atraíra para o pai, seus inúmeros adoecimentos necessariamente intensificavam sua afetuosidade por ele; em algumas doenças, nenhuma outra pessoa, a não ser ela, era autorizada por ele a realizar as pequenas tarefas de assistência ao enfermo; orgulhoso de sua inteligência precocemente desenvolvida, ele já a recrutara, ainda uma menina, como confidente. Com o aparecimento da Sra. K., ela, e na verdade não a mãe, fora desalojada [*verdrängt*][52] de mais de uma posição.

Quando comuniquei a Dora que eu teria necessariamente de supor que sua inclinação pelo pai já tinha desde cedo o caráter de um enamoramento total, ela, na verdade, deu sua resposta habitual: "Não me lembro disso", mas, imediatamente, relatou algo análogo sobre sua prima (pelo lado materno) de 7 anos, na qual, com frequência, acreditava enxergar como que um reflexo de sua própria infância. A pequena havia testemunhado novamente uma acalorada discussão entre seus pais e sussurrou no ouvido de Dora, que fora visitá-los após o ocorrido: "Você não faz ideia de como odeio essa pessoa (apontando para a mãe)! E um

---

[51] O fator decisivo nesse caso é, sem dúvida, o surgimento precoce de sensações genitais genuínas, sejam elas espontâneas ou provocadas por meio de sedução ou masturbação. (Ver adiante.)

[52] Na frase acima, o verbo utilizado por Freud, "*verdrängen*", é o mesmo utilizado, em outros contextos, com o significado de "recalcar". (N.T.)

dia, quando ela morrer, vou me casar com o papai!". Estou acostumado a ver, nessas súbitas ocorrências [*Einfällen*] que trazem algo afinado com o conteúdo da minha afirmação, uma confirmação que vem do inconsciente. Nenhum outro "sim" se deixa ouvir a partir do inconsciente; um "não" inconsciente absolutamente não existe.[53]

Durante anos, esse enamoramento pelo pai não se manifestara; ao contrário, durante longo tempo, ela estivera na mais cordial harmonia com a mesma mulher que a desalojara [*verdrängte*] de junto ao pai e, como sabemos por suas próprias autocensuras, ainda favorecera a relação desta com ele. Portanto, esse amor havia sido reavivado recentemente, e, se esse era o caso, estamos autorizados a indagar com que fim isso aconteceu. Pelo visto, como sintoma reativo para reprimir outra coisa que, portanto, ainda era poderosa no inconsciente. Da forma como as coisas se encontravam, tive de primeiramente pensar que o amor pelo Sr. K. seria essa outra coisa reprimida. Vi-me obrigado a supor que o seu enamoramento ainda perdurava, mas que encontrava, desde a cena do lago – por motivos desconhecidos –, uma forte resistência de sua parte, e que a moça teria desencavado e reforçado a antiga inclinação pelo pai, para não ter de perceber nada, em sua consciência, sobre o amor de seus primeiros anos de mocidade, o qual se tornara penoso para ela. Em seguida, também consegui discernir um conflito que bem se prestava a destroçar a vida anímica da moça.

---

[53] [*Nota acrescida em 1923*:] Outra forma muito notável e inteiramente confiável de confirmação a partir do inconsciente, que eu ainda não conhecia àquela época, é a exclamação do paciente: "Não foi isso que eu pensei" ou "Nisso eu não pensei". Essa declaração pode ser traduzida diretamente: Sim, isso me era inconsciente.

Por um lado, ela sem dúvida estava lamentando muito ter recusado a proposta desse homem, de cuja pessoa ela sentia falta, e dos pequenos sinais de sua afeição; por outro lado, poderosos motivos, entre os quais era fácil adivinhar o seu orgulho, opunham-se a essas moções de ternura e de nostalgia. Desse modo, logrou convencer-se de que nada mais tinha a tratar com a pessoa do Sr. K. – esse foi o seu ganho nesse processo típico de recalcamento –, e, todavia, para se proteger do enamoramento que constantemente acossava a consciência, teve de evocar e exagerar a inclinação infantil pelo pai. O fato de ela, então, estar quase incessantemente dominada por uma exacerbação ciumenta parecia ser suscetível a mais uma determinação.[54]

O fato de eu, com essa exposição, haver provocado, em Dora, a contradição mais decisiva não contradizia em nada a minha expectativa. O "não" que se ouve do paciente, depois de primeiramente ter apresentado à sua percepção consciente o pensamento recalcado, não faz senão constatar o recalcamento e seu caráter decidido, medindo, por assim dizer, a sua intensidade. Se não se entender esse "não" como a expressão de um juízo imparcial, do qual o paciente nem sequer é capaz, mas se se passar por cima dele e se continuar o trabalho, logo surgirão as primeiras provas de que "não", nesse caso, significa o desejado "sim". Ela admitiu que não poderia estar zangada com o Sr. K., tanto quanto ele tivesse merecido. Ela contou que, um dia, encontrara o Sr. K. na rua, quando ela estava em companhia de uma prima que não o conhecia. De súbito, a prima exclamou: "Dora, o que há com você? Você ficou pálida como um cadáver!". Ela própria não sentira nada dessa alteração,

---

[54] Que ainda veremos.

mas precisou me ouvir dizer que o jogo fisionômico e a expressão de afeto obedecem muito mais ao inconsciente do que ao consciente e que são traiçoeiros para o primeiro destes. Em outra ocasião, veio ter comigo, após vários dias de constante boa disposição, ostentando um péssimo humor, para o qual ela não tinha explicação. Deixou claro que naquele dia estava muito contrariada; era o aniversário do tio, e não se resolvia a parabenizá-lo; não sabia por quê. Naquele dia, minha arte interpretativa ficou embotada; deixei-a continuar a falar e, de repente, ela lembrou que naquele dia também era o aniversário do Sr. K., o que eu não perdi a chance de utilizar contra ela. Então também não era difícil explicar por qual motivo os ricos presentes, por ocasião de seu próprio aniversário, ocorrido alguns dias antes, não lhe tinham causado nenhuma alegria. Faltava um presente, o do Sr. K., um presente que, evidentemente, em outros tempos fora o mais valioso para ela.

Nesse ínterim, ela ainda continuou insistindo, durante um longo período, em contradizer minha afirmação, até que foi fornecida a prova decisiva da sua exatidão, quando já se avizinhava o término da análise.

Agora, preciso fazer menção a mais uma complicação, à qual eu certamente não concederia nenhum espaço, se, na qualidade de poeta, eu inventasse um semelhante estado anímico para uma novela, em vez de analisá-lo na qualidade de médico. O elemento a que agora apontarei só vai turvar e borrar o conflito, belo e digno de poesia, que nos é lícito supor em Dora; esse elemento seria, justificadamente, vítima da censura do poeta, que, na verdade, acaba por simplificar e abstrair quando se apresenta como psicólogo. Mas, na realidade que me esforço em descrever aqui, a regra é a complicação dos motivos, a acumulação e combinação de moções anímicas, em suma, a sobredeterminação. Por detrás do curso hipervalente de pensamento que se ocupava com a relação do pai com a Sra. K., também se escondia, de fato, uma moção de ciúme cujo objeto era essa mulher – uma moção, portanto, que só podia basear-se na inclinação pelo mesmo sexo. É conhecido de longa data e foi muitas vezes destacado que, em meninos e meninas nos anos da puberdade, mesmo em casos normais se podem observar claros indícios da existência de inclinação pelo mesmo sexo. A amizade entusiástica por uma colega de escola com juras, beijos, a promessa de eterna correspondência e com toda a suscetibilidade do ciúme é a precursora comum do primeiro enamoramento mais intenso por um homem. Sob condições favoráveis, a corrente homossexual, com frequência, então desaparece por completo; nos casos em que não se configura a felicidade do amor por um homem, ela volta com frequência a ser despertada pela libido em anos posteriores e é ampliada até esta ou àquela intensidade. Se isso tudo pode ser facilmente constatado em pessoas saudáveis, e em conexão com as observações anteriores sobre a melhor formação dos germes normais da perversão nos neuróticos, devemos também esperar encontrar uma disposição homossexual mais forte em sua constituição. E deve com certeza ser assim mesmo, pois nunca passei por nenhuma psicanálise de um homem ou de uma mulher sem ter de levar em conta uma corrente homossexual bastante significativa como essa. Quando, em mulheres e garotas histéricas, a libido sexual dirigida ao homem sofreu uma enérgica repressão, a libido dirigida à mulher encontra-se regularmente reforçada por um sucedâneo e, até mesmo, parcialmente consciente.

Não continuarei abordando aqui esse importante tema, imprescindível especialmente para o entendimento da histeria masculina, porque a análise de Dora chegou ao final, sem que ela pudesse lançar luz sobre essas circunstâncias do seu caso. Mas convém lembrar aquela preceptora, com quem ela, no início, vivia em íntima troca de ideias, até perceber que não era por causa de sua própria pessoa, mas de seu pai, que aquela mulher a estimava e a tratava bem. Forçou-a, então, a deixar a casa. Também se detinha com acentuada frequência e especial ênfase no relato de outro afastamento que até mesmo a ela parecia enigmático. Com sua segunda prima, a mesma que mais tarde se casaria, sempre se entendera especialmente bem e com ela compartilhara todos os segredos. Agora, quando o pai, pela primeira vez após a interrupção da visita no lago, estava retornando a B., e Dora naturalmente recusava-se a acompanhá-lo, essa prima foi convidada a viajar com o pai e aceitou o convite. A partir daí, Dora sentiu esfriar seu entusiasmo pela prima, admirando-se, ela própria, de como ela passara a lhe ser indiferente, embora, na verdade, admitisse que não poderia fazer a ela nenhuma grande reprimenda. Essas suscetibilidades me levaram a perguntar qual tinha sido a sua relação com a Sra. K. até o rompimento. Fiquei sabendo, então, que a jovem senhora e a menina que ainda não era adulta haviam vivido, ao longo de anos, na maior intimidade. Quando estava hospedada na casa dos K., Dora compartilhava do dormitório da esposa; o marido era desalojado. Ela era a confidente e conselheira da esposa em todas as dificuldades de sua vida conjugal; não havia nada sobre o que não conversassem. Medeia ficava muito satisfeita por Creusa atrair, para si, ambos os filhos; por certo, nada fez para perturbar o contato entre o pai dessas crianças e a moça. De que maneira Dora logrou amar o homem sobre quem sua querida amiga era capaz de dizer tantas coisas más, eis um interessante problema psicológico que sem dúvida se resolve quando se compreende que, no inconsciente, os pensamentos habitam de modo especialmente confortável uns ao lado dos outros, e que até mesmo opostos se toleram sem conflito, o que, na verdade, com bastante frequência permanece assim até mesmo no consciente.

Quando Dora falava sobre a Sra. K., elogiava seu "corpo encantadoramente branco", em um tom que era mais apropriado a uma enamorada do que a uma rival derrotada. Mais melancólica que amarga, contou-me, de outra feita, estar convicta de que os presentes que o pai lhe trouxera haviam sido providenciados pela Sra. K.; pois ela reconhecia seu o gosto. Em outra ocasião, ressaltou que, pelo visto por intermédio da Sra. K., ganhara de presente joias muito parecidas com aquelas que vira com a Sra. K., as quais, naquele momento, desejou em voz alta possuir. Na verdade, preciso dizer absolutamente que não escutei dela nem sequer uma palavra dura ou aborrecida contra aquela mulher, embora, do ponto de vista de seus pensamentos hipervalentes, ela devesse ver nela a autora de sua infelicidade. Ela comportava-se de modo inconsequente, mas a aparente inconsequência nada mais era que a expressão de uma complicadora corrente de sentimentos. Pois como a amiga amada com tanta exaltação comportara-se contra ela? Após Dora haver apresentado sua acusação contra o Sr. K., e este ter sido convocado pelo pai, por escrito, para lhe dar satisfações, ele primeiramente respondeu com reafirmações de seu apreço, prontificando-se a ir à cidade da fábrica, para esclarecer todos os mal-entendidos. Algumas semanas mais tarde, quando o pai conversou com ele em B., já não se falou mais de apreço. Ele depreciou a garota, apresentando um trunfo: uma garota que lê livros dessa espécie e interessa-se por coisas dessa natureza não pode exigir nenhum respeito de um homem. Portanto, a Sra. K. a havia traído e denegrido;[55] só com ela falava sobre Mantegazza e sobre temas embaraçosos. Tratava-se novamente do mesmo caso que o da preceptora; também a Sra. K. não a amara pela sua pessoa, mas por causa do pai. A Sra. K. a havia sacrificado inescrupulosamente, para não ser incomodada em sua relação com o pai. Talvez o fato de essa afronta a afetar fosse, do ponto de vista patogênico, mais eficaz do que a outra que ela usava para esconder a afronta de o pai havê-la sacrificado. Acaso aquela amnésia tão obstinadamente perseverante a respeito das fontes de seu conhecimento embaraçoso não estaria apontando diretamente para o valor emocional da acusação e, consequentemente, para a traição da amiga?

Portanto, creio não estar equivocado com a suposição de que o curso hipervalente de pensamentos de Dora, que se ocupava com a relação do pai com a Sra. K., estava destinado não apenas a reprimir o amor outrora consciente pelo Sr. K., mas também a ocultar seu amor pela Sra. K., inconsciente em um sentido mais profundo. Em relação a esta última corrente, o curso hipervalente de pensamentos se encontrava em conformidade com a oposição direta. Sem cessar, ela se dizia que o pai a tinha sacrificado por essa mulher, demonstrava em alto e bom som que não lhe concederia a posse do pai, e assim ocultava de si mesma o oposto, ou seja, que ela não podia conceder ao pai o amor dessa mulher e que

---

[55] Nesta versão, visando-se manter forma e tom semelhantes aos do vocábulo escrito por Freud, ou seja, *"anschwärzen"* (denegrir), optou-se pelo termo equivalente em português no tocante não só ao sentido, mas também à origem da palavra. Em alemão, esse verbo tem como radical o adjetivo *"schwarz"* (preto, negro). (N.T.)

não tinha perdoado a mulher amada pela decepção com a sua traição. A moção de ciúme da mulher estava acoplada no inconsciente a um ciúme semelhante àquele sentido por um homem. Essas correntes de sentimento masculinas, ou, melhor dito, *ginecofílicas*, devem ser consideradas típicas da vida amorosa inconsciente das moças histéricas.

II
O primeiro sonho

Justamente quando tínhamos a perspectiva de esclarecer um ponto obscuro na vida infantil de Dora, através do material que surgira para análise, Dora relatou que, em uma das últimas noites, voltara a ter um sonho que teria sonhado repetidas vezes exatamente da mesma maneira. Um sonho que retornava periodicamente, já por causa dessa característica, era particularmente apropriado para despertar minha curiosidade; no interesse do tratamento, era lícito examinar o entrançamento desse sonho no contexto da análise. Decidi, pois, investigar esse sonho com especial cuidado.

1º sonho: "*Em uma casa, está havendo um incêndio,*[56] contou Dora, *o papai está de pé*[57] *diante da minha cama e acorda-me. Rapidamente me visto. A mamãe ainda quer salvar sua caixinha de joias, mas o papai diz: Não quero que eu e meus dois filhos nos queimemos por causa da tua caixinha de joias. Nós nos apressamos em descer e, assim que chego lá fora, acordo*".

---

[56] Nunca houve um incêndio de verdade em nossa casa, respondeu ela a minha indagação.

[57] O verbo "*stehen*" tem o sentido geral de "estar em uma posição vertical", "estar de pé", mas, na linguagem popular vulgar, também pode significar "estar com uma ereção". (N.T.)

Como se trata de um sonho recorrente, naturalmente lhe pergunto quando o sonhou pela primeira vez. – Isso ela não sabe. Mas se lembra de que teve o sonho em L. (o lugar no lago, onde ocorreu a cena com o Sr. K.) durante três noites consecutivas, depois voltou a tê-lo aqui.[58] – A ligação que desse modo se estabelecia entre o sonho e os acontecimentos em L. naturalmente aumentou minhas expectativas em relação à solução do sonho. Porém, primeiramente eu queria descobrir a ocasião para o seu último retorno, e, por isso, peço a Dora, que já estava instruída na interpretação de sonhos através de alguns pequenos exemplos anteriormente analisados, que decompusesse o sonho e me comunicasse o que lhe ocorresse sobre ele.

Ela diz: "Uma coisa, mas que não pode ter relação com isso, pois é muito recente, ao passo que eu com certeza já tive o sonho antes".

Não tem importância, prossiga; será mesmo a última coisa a se encaixar nisso.

"Pois bem, o papai teve, nesses dias, uma briga com a mamãe, porque durante a noite ela tranca a sala de jantar. É que o quarto de meu irmão não tem uma saída própria e só pode ser acessado pela da sala de jantar. O papai não quer que meu irmão fique tão trancafiado durante a noite. Ele disse que assim não dava; afinal de contas, poderia acontecer alguma coisa durante a madrugada, que obrigasse a sair."[59]

---

[58] Pelo conteúdo pode ser demonstrado que ela teve o sonho *pela primeira vez* em L.

[59] A expressão alemã empregada por Dora é *"hinausmüssen"*, que pode ser usada tanto no sentido concreto de "ter de sair" quanto na acepção eufemística de "urinar". Nesta versão, usou-se a expressão "ir à casinha", que pode ser lida em sentido denotativo ou conotativo, considerando-se,

Então eles relacionaram isso a perigo de incêndio?
"Sim."

Peço-lhe que observe bem as suas próprias expressões. Talvez precisemos delas. A Srta. disse: que *poderia acontecer alguma coisa durante a madrugada, que obrigasse a sair.*[60]

Mas agora Dora tinha encontrado a ligação entre a ocasião recente e a antiga para o sonho, pois prossegue:

"Quando chegamos, naquela ocasião, o papai e eu, a L., ele expressou diretamente o medo de um incêndio. Chegamos em meio a um forte temporal, vimos a casinha de madeira que não tinha para-raios. Então esse medo era totalmente natural."

Cabia-me agora explorar a conexão entre os acontecimentos em L. e os sonhos com o mesmo teor daquela época. Então pergunto: a Srta. teve o sonho em L. nas primeiras noites ou nas últimas antes de sua partida, ou seja, antes ou depois da conhecida cena no bosque? (Na verdade, sei que a cena não aconteceu logo no primeiro dia, e que, após a ocorrência, ela ainda permaneceu alguns dias em L., sem deixar transparecer nada sobre o acontecido.)

---

sobretudo, que, na sequência da história do sonho, Dora contará um episódio em que surge uma "casinha de madeira", em sentido denotativo, que a família avistara em L. (N.T.)

[60] Eu destaco estas palavras porque elas me deixam perplexo. Soam-me ambíguas. Acaso não se usam as mesmas palavras para aludir a certas necessidades corporais? Palavras ambíguas, porém, são como "*trilhas*" para o percurso das associações. Se se posiciona a trilha de um modo diferente de como ela aparece configurada no conteúdo do sonho, então chega-se certamente ao trilho sobre o qual se movem os pensamentos buscados e ainda ocultos por trás do sonho. [Como metáfora, Freud recorre à ideia da "trilha" em trilhos ferroviários, porque "*Wechsel*", além de troca, mudança, também é "trilha de animais". (N.T.)]

Primeiramente ela responde: não sei. Após algum tempo: acho que eu sei, foi depois.

Agora, portanto, eu sabia que o sonho fora uma reação àquela experiência. Mas por que ele retornou ali por três vezes? Continuei a perguntar: quanto tempo a Srta. ainda ficou em L. depois da cena?

"Mais quatro dias, no quinto parti com o papai."

Agora estou certo de que o sonho foi o efeito imediato da experiência com o Sr. K. Foi lá que a Srta. teve o sonho pela primeira vez, e não antes. A Srta. acrescentou a insegurança em se lembrar apenas para apagar o contexto.[61] Porém, para mim, os números ainda não batem por completo. Se a Srta. ainda ficou quatro noites em L., a Srta. pode ter repetido o sonho quatro vezes. Será que foi assim?

Ela não mais contradiz minha afirmação, mas, em vez de responder a minha pergunta, continua[62]: "Na tarde após nosso passeio de barco, do qual voltamos, o Sr. K. e eu, ao meio-dia, como de costume me deitei no sofá do dormitório para dormir um pouco. De repente, despertei e vi o Sr. K. ereto na minha frente...".

Portanto, da mesma maneira como a Srta. viu o papai de pé diante de sua cama?

"Sim. Mandei que ele explicasse o que estava procurando ali. Como resposta, disse que ia deixar de entrar em seu dormitório quando bem quisesse; além disso, queria buscar algo. Atenta após esse fato, perguntei à Sra. K. se não havia nenhuma chave para o quarto, e, na manhã seguinte (no segundo dia), tranquei-me para fazer a toalete.

---

[61] Comparar o que foi dito no início da p. 28 sobre a dúvida no se lembrar.

[62] É que primeiramente é preciso um novo material de lembranças, antes de a pergunta feita por mim poder ser respondida.

À tarde, quando eu então quis trancar-me para voltar a me deitar no sofá, a chave não estava. Estou convicta de que o Sr. K. a tirara dali."

Esse é, portanto, o tema do fechar ou não fechar do quarto, que surgiu na primeira ocorrência sobre o sonho e que, por acaso, também teve um papel na ocasião recente do sonho. A frase "rapidamente me visto" deveria também fazer parte desse contexto?

"Naquela ocasião, propus-me a não ficar mais na casa da família K. sem o papai. Nas manhãs seguintes, vi-me obrigada a temer que o Sr. K. me surpreendesse fazendo a toalete, por isso sempre *me vestia* muito *rapidamente*. O papai estava hospedado no hotel, e, pela manhã, a Sra. K. sempre saía muito cedo, para fazer um passeio com o papai. Mas o Sr. K. não voltou a me importunar."

Eu entendo que, na tarde do segundo dia, a Srta. formou o propósito de escapar desses assédios e, somente na segunda, terceira e quarta noite após a cena no bosque, teve tempo de repetir esse propósito durante o sono. O fato de que a Srta. não estaria de posse da chave na próxima – terceira – manhã, para se trancar enquanto se vestia, a Srta. já o sabia na tarde do segundo dia, portanto, antes do sonho, e podia empenhar-se em apressar o máximo a toalete. Mas o seu sonho retornou todas as noites, porque justamente ele cumpria um *propósito*. Um propósito persiste até que seja executado. A Srta. de certo modo disse a si mesma: não vou ter descanso, não vou conseguir dormir um sono tranquilo, enquanto eu não estiver fora desta casa. A Srta. disse o inverso no sonho: *assim que chego lá fora, acordo*.

Interrompo aqui a comunicação da análise, para comparar esse pequeno fragmento de uma análise de sonhos com minhas proposições gerais sobre o mecanismo de formação de sonhos. Em meu livro,[63] expus que todo sonho seria um desejo que se figura como realizado, que a figuração seria encoberta se o desejo fosse recalcado, pertencente ao inconsciente, e que, à exceção dos sonhos infantis, apenas o desejo inconsciente ou o que chega até o inconsciente teria a força para formar um sonho. Creio que a aceitação geral me teria sido mais garantida, se eu me tivesse contentado em afirmar que todo sonho tem um sentido que poderia ser desvelado por meio de certo trabalho de interpretação. Uma vez completada a interpretação, poder-se-ia substituir o sonho por pensamentos que em um lugar facilmente identificável se incorporam à vida anímica do estado de vigília. Eu teria então podido prosseguir afirmando que esse sentido do sonho provou-se ser tão variado quanto justamente os movimentos de pensamentos do estado de vigília. Uma das vezes, seria um desejo realizado, outra, um temor concretizado, em seguida, talvez, uma reflexão continuada no sono, um propósito (como no sonho de Dora), um fragmento de produção intelectual etc. Graças à sua compreensibilidade, essa exposição decerto teria sido atraente e teria podido apoiar-se em um grande número de exemplos bem interpretados, tais como o sonho aqui analisado.

Em vez disso, apresentei uma proposição que restringe o sentido dos sonhos a uma única forma de pensamento, à figuração de desejos, e despertei a mais geral disposição à objeção. Mas tenho de afirmar que eu não acreditava ter nem o direito nem o dever de simplificar um processo da psicologia para uma maior aceitação dos leitores, quando ele oferecia à minha análise uma complicação, cuja solução, visando à uniformização, somente podia ser encontrada em

---

[63] *Die Traumdeutung*, 1900 (*Ges. Werke*, v. II-III).

outro lugar. Por essa razão, para mim, será especialmente relevante mostrar que as aparentes exceções, como esse sonho de Dora, que primeiramente se revela um propósito diurno continuado no sonho, na verdade voltam a reforçar a regra contestada.

Certamente ainda precisamos interpretar uma grande parte do sonho. Continuei com esta pergunta: E sobre a caixinha de joias que a mamãe queria salvar?

"A mamãe adora joias e ganhou muitas do papai."

E a Srta.?

"Antigamente eu também adorava joias; desde a doença não usei mais nenhuma. – Houve, há quatro anos (um ano antes do sonho), uma grande briga entre o papai e a mamãe por causa de uma joia. A mamãe desejava para ela algo especial, gotas de pérolas para usar como pingentes nas orelhas. Mas o papai não gosta desses brincos e, em vez deles, trouxe uma pulseira para ela. Ela ficou furiosa e disse-lhe que, se já tinha gastado tanto dinheiro com um presente de que ela não gostava, pois que ele fosse dá-lo a outra."

E aí a Srta. deve ter pensado que aceitaria os brincos com prazer?

"Não sei,[64] não sei, de jeito nenhum, como a mamãe entra no sonho; naquela ocasião, ela sequer estava em L."[65]

Posteriormente, eu explicarei isso à Srta. Não lhe ocorre nada mais em relação à caixinha de joias? Até agora, a Srta. só falou de joias e nada disse sobre uma caixinha.

---

[64] A expressão que ela usava habitualmente para reconhecer algo recalcado.

[65] Essa observação, que atesta uma total incompreensão das regras de explicação dos sonhos, por ela normalmente bem conhecidas, bem como a maneira hesitante e a exploração escassa de suas ocorrências de pensamento sobre a caixinha de joias, provaram-me que aqui se tratava de material que teria sido recalcado com grande ênfase.

"Sim, tempos antes, o Sr. K. me presenteara com uma valiosa caixinha de joias."

Portanto, seria com certeza apropriado retribuir o presente. A Srta. talvez não saiba que "caixinha de joias" é uma designação popular para a mesma coisa a que a Srta. aludiu, não faz muito tempo, com a bolsinha a tiracolo,[66] ou seja, os genitais femininos.

"Eu sabia que o *Sr.* ia dizer isso."[67]

Ou seja, a *Srta.* sabia disso. – Agora o sentido do sonho vai ficando ainda mais claro. A Srta. disse a si mesma: o homem está me perseguindo, quer forçar entrada no meu quarto, minha "caixinha de joias" corre perigo, e se acontecer alguma desgraça, será culpa do papai. Por isso, no sonho, a Srta. pegou uma situação que expressa o oposto, um perigo do qual o papai a salva. Nessa região do sonho, absolutamente tudo é transformado no oposto; em breve a Srta. saberá por quê. O mistério, na verdade, encontra-se na mamãe. Como a mamãe entra nisso? Ela é, como a Srta. sabe, sua antiga concorrente nas boas graças do papai. No episódio da pulseira, a Srta. bem que gostaria de aceitar o que a mamãe recusou. Agora vamos substituir "aceitar" por "dar", "recusar" por "negar". Significa, então, dizer que a Srta. estava pronta a dar ao papai aquilo que a mamãe negava a ele, e a coisa de que se trata teria a ver com joias.[68] Agora lembre-se da caixinha de joias que o Sr. K. lhe deu de presente. Aqui a Srta. tem o início de uma série paralela

---

[66] Sobre essa bolsinha, ver mais adiante.

[67] Uma maneira muito frequente de afastar de si um conhecimento que emerge do recalcado.

[68] Também em relação às gotas, posteriormente poderemos apresentar uma interpretação requerida pelo contexto.

de pensamentos, na qual o Sr. K., como na situação de estar de pé diante da cama da Srta., deverá ser inserido em vez do papai. Ele lhe presenteou com uma caixinha de joias, portanto a Srta. deveria dar-lhe de presente a sua caixinha de joias; por isso eu falei há pouco em "retribuir o presente". Nessa série de pensamentos, sua mãe deve ser substituída pela Sra. K., que certamente estava presente naquela situação. A Srta. então está disposta a presentear o Sr. K. com aquilo que a mulher dele lhe nega. Aqui a Srta. tem o pensamento que precisa ser recalcado com tanto esforço, e que torna necessária a transformação de todos os elementos em seu oposto. Como eu já lhe disse antes sobre esse sonho, o sonho volta a confirmar que a Srta. desperta o antigo amor pelo papai para se proteger do amor por K., mas o que provam todos esses esforços? Não apenas que a Srta. teme o Sr. K., mas também que teme mais ainda a si mesma, por sua tentação em ceder a ele. Dessa maneira, eles confirmam, portanto, quão intenso era o amor por ele.[69]

Naturalmente, ela não quis participar dessa parte da interpretação.

Mas também me ocorreu uma continuação da interpretação do sonho que parecia imprescindível tanto para a anamnese do caso quanto para a teoria do sonho. Prometi comunicar isso a Dora na sessão seguinte.

---

[69] Ainda acrescento: inclusive, com base na reemergência do sonho nos últimos dias, tenho de concluir que a Srta. considera que a mesma situação voltou a acontecer e que a Srta. decidiu não comparecer à terapia, à qual, na verdade, só o papai a traz. Os fatos que se seguiram mostraram como eu havia adivinhado corretamente. Minha interpretação alude aqui ao tema da "transferência", altamente significativo do ponto de vista prático e teórico, com o qual terei pouca oportunidade de me ocupar neste ensaio.

A verdade é que eu não conseguia esquecer a evidência que parecia surgir das já referidas palavras ambíguas (*que é preciso sair, que durante a noite pode acontecer uma desgraça*). Acrescenta-se a ela o fato de que o esclarecimento do sonho me parecia incompleto enquanto não se satisfizesse um determinado requisito, que certamente não pretendo estabelecer como geral, mas cujo cumprimento busco com preferência. Um sonho regular se apoia, por assim dizer, sobre duas pernas, das quais uma diz respeito ao evento recente essencial, e a outra, a um acontecimento de graves consequências da infância. O sonho estabelece uma ligação entre essas duas experiências, a da infância e a atual, busca reconfigurar o presente de acordo com o exemplo do passado mais remoto. É que o desejo que cria o sonho vem sempre da infância, ele sempre quer despertar novamente a infância para a realidade e corrigir o presente segundo a infância. Eu já acreditava reconhecer claramente, no conteúdo do sonho, as partes que podem compor uma alusão a um acontecimento da infância.

Iniciei o seu exame com um pequeno experimento que, como de costume, foi bem-sucedido. Sobre a mesa, por acaso, estava um recipiente com palitos de fósforo. Pedi a Dora que olhasse em volta e dissesse se conseguia ver algo de especial sobre a mesa que normalmente não estaria ali. Ela nada viu. Então, perguntei se ela sabia por que se proíbem as crianças de brincar com palitos de fósforo.

"Sim, por causa do perigo de incêndio. Os filhos do meu tio adoram brincar com palitos de fósforo."

Não apenas por esse motivo. Eles são advertidos: "Não é para acender", e isso se vincula a certa crença.

Ela não sabia nada sobre isso. – Pois bem, teme-se que eles molhem a cama. Essa é, sem dúvida, a base da oposição entre *água* e *fogo*. Talvez eles sonhem com fogo e depois fiquem tentados a apagá-lo com água. Não sou capaz de dizer com exatidão. Mas vejo que a oposição entre água e fogo, no sonho, presta excelentes serviços à Srta. A mamãe quer salvar a caixinha de joias para que esta não *se queime*; nos pensamentos do sonho, importa que a "caixinha de joias" não *se molhe*. Mas o fogo não é usado apenas em oposição à água, ele também serve como representação direta de amor, de estar enamorado e estar ardente. Portanto, do fogo parte um dos trilhos que, passando por esse significado simbólico, chega até os pensamentos amorosos, enquanto o outro leva a outro lugar, passando pelo oposto água, depois de ter se ramificado a ligação com o amor, que também *molha*. Mas até onde mesmo? Pense em suas palavras: que durante a noite poderia *acontecer uma desgraça*, que *obrigue a sair*. Isso não significaria uma necessidade corporal, e se a Srta. transpuser a desgraça para a infância, ela poderia ser outra coisa além de molhar a cama? Mas o que se faz para evitar que as crianças molhem a cama? Não é verdade que elas são despertadas do sono no meio da noite, *exatamente* como *o papai faz com a Srta. no sonho*? Esse seria, portanto, o verdadeiro episódio, de que a Srta. se valeu para substituir o Sr. K., que a desperta do sono, pelo papai. Em vista disso, preciso concluir que a Srta. sofreu de incontinência urinária[70] por mais tempo do que normalmente ocorre nas crianças. O mesmo deve ter sido o caso com seu irmão. Pois o papai disse: *Não quero que meus dois filhos* ... *pereçam*. O irmão costuma não ter nada a ver com a situação atual

---

[70] Freud utiliza o termo "*Bettnässen*", que em português pode ser traduzido pelo termo clínico "enurese" (emissão involuntária de urina, normalmente à noite) ou, literalmente, pela expressão "molhar a cama". (N.T.)

na casa dos K., ele nem sequer viajou junto para L. O que dizem agora suas lembranças a respeito disso?

"De mim, não sei nada", respondeu ela, "mas meu irmão molhou a cama até os 6 ou 7 anos, às vezes acontecia com ele também durante o dia."

Eu estava prestes a lhe chamar a atenção para o fato de como é mais fácil se lembrar de algo assim do seu irmão do que de si mesma, quando ela continuou com a lembrança recobrada: "Sim, isso também aconteceu comigo, mas só no sétimo ou oitavo ano durante algum tempo. Deve ter sido algo grave, pois agora me lembro de que o doutor foi consultado. Isso durou até um pouco antes da asma".

A respeito disso, o doutor disse o quê?

"Declarou tratar-se de uma fraqueza nervosa: na opinião dele, isso desapareceria, e prescreveu fortificantes."[71]

A interpretação do sonho agora me parecia concluída.[72] Alguns dias mais tarde, ela ainda trouxe um adendo ao sonho. Teria se esquecido de contar que, sempre após despertar, sentia cheiro de fumaça. A fumaça combinava muito bem com o fogo, além de indicar que o sonho tinha uma relação especial com minha pessoa, pois, com frequência, quando ela afirmava que nada se escondia por trás disto ou daquilo, eu costumava retrucar: "Onde há fumaça há fogo". Mas, contra essa interpretação meramente pessoal, ela objetou que o Sr. K.

---

[71] Esse médico era o único em quem ela demonstrava confiança, porque ela observou, nessa experiência, que ele não estava atrás do seu segredo. Diante de qualquer outro que ela ainda não soubesse avaliar, ela sentia medo, do qual agora sabemos o motivo, de que ele pudesse adivinhar seu segredo.

[72] Se traduzido, o núcleo do sonho teria este teor: a tentação é muito grande. Querido papai, volta a me proteger como na minha infância, para que eu não molhe a minha cama!

e seu papai eram fumantes apaixonados, aliás, assim como eu. Ela própria fumara durante a estadia no lago, e o Sr. K., antes de dar início a seu infeliz galanteio, tinha-lhe enrolado um cigarro. Ela também acreditava lembrar-se com certeza de que o cheiro de fumaça não surgira apenas no último sonho, mas já nas três vezes que sonhara em L. Como se negava a dar mais informações, ficou a meu critério decidir como inserir esse adendo na estrutura dos pensamentos oníricos. Como ponto de referência, pude recorrer ao fato de que a sensação da fumaça veio como adendo, tendo tido de superar, portanto, um esforço especial do recalcamento. Por conseguinte, essa sensação provavelmente fazia parte do pensamento representado mais obscuramente e recalcado da melhor forma, ou seja, do pensamento da tentação de se mostrar complacente com o homem. Ela dificilmente podia significar outra coisa senão a ânsia por um beijo, que, no fumante, necessariamente tem gosto de fumaça; mas um beijo já acontecera entre ambos dois anos antes e certamente teria sido repetido mais de uma vez, se a garota tivesse cedido aos galanteios. Desse modo, os pensamentos de tentação parecem haver remontado à antiga cena e despertado a lembrança do beijo, contra cuja atração a chupadora daquela época protegeu-se através do nojo. Se eu, por fim, reunir os indícios que provavelmente constituem uma transferência voltada a mim, pois também sou fumante, chego à conclusão de que um dia lhe ocorreu, provavelmente durante a sessão, desejar um beijo meu. Essa foi, para ela, a ocasião para repetir o sonho de advertência e formar o propósito de deixar o tratamento. Desse modo, isso está muito bem afinado, mas, em virtude das peculiaridades da "transferência", escapa à prova.

Agora eu poderia vacilar entre primeiramente considerar a exploração desse sonho para a história clínica do caso ou preferir abordar a objeção que esse sonho gerou contra a teoria do sonho. Opto pela primeira alternativa.

Vale a pena discutir em detalhe o significado de molhar a cama na pré-história dos neuróticos. Por questão de clareza, restrinjo-me a enfatizar que o caso de Dora, no aspecto de molhar a cama, não era o habitual. A perturbação não se prolongara simplesmente para além de período considerado normal; ao contrário, de acordo com suas precisas indicações, primeiramente desaparecera, e depois, relativamente tarde, ressurgira após ela completar 6 anos. Que eu saiba, um molhar a cama dessa natureza não tem nenhuma causa mais provável do que a masturbação, que desempenha um papel ainda muito pouco apreciado na etiologia do molhar a cama em geral. Pela minha experiência, para as próprias crianças essa ligação era muito bem conhecida, e daí resultam todas as consequências psíquicas, como se elas jamais a tivessem esquecido. Na época em que o sonho foi relatado, encontrávamo-nos em uma linha de pesquisa que levava diretamente para uma tal confissão de masturbação infantil. Uns momentos antes, ela levantava a questão de por que justamente ela teria ficado doente e, antes que eu respondesse, empurrou a culpa sobre o pai. Não foram pensamentos inconscientes, mas discernimento consciente que assumiu a justificação. Para surpresa minha, a moça sabia qual tinha sido a natureza da doença do pai. Após o pai retornar do meu consultório, ela entreouvira uma conversa em que o nome da doença foi mencionado. Em anos ainda anteriores, na época do descolamento de retina, um oftalmologista que fora consultado deve ter se referido à etiologia luética, pois a garota curiosa e preocupada ouviu uma tia idosa dizer para a mãe: "Ele já era doente antes do casamento", e acrescentar algo que lhe era incompreensível, o que ela mais tarde interpretaria como coisas indecorosas.

Portanto, o pai adoecera por levar uma vida irresponsável, e ela supunha que ele lhe tivesse transmitido a doença por hereditariedade. Resguardei-me de dizer a ela que eu, como já mencionado (p. 32, n. 12), também defendo a opinião de que a descendência de luéticos está particularmente predisposta a graves neuropsicoses. A continuação desse curso acusatório de pensamentos contra o pai passou através de material inconsciente. Durante alguns dias, ela se identificou com a mãe em pequenos sintomas e peculiaridades, o que lhe deu oportunidade para transformar coisas excelentes em detestáveis, e deu-me a entender que ela estava pensando em uma temporada em Franzensbad, que ela visitara – não sei mais em que ano – na companhia da mãe. A mãe estava sofrendo de dores no abdômen e de uma secreção – catarro –, que tornaram necessário um tratamento em Franzensbad. Era opinião sua – provavelmente mais uma vez justificada – que essa doença provinha do papai, que, portanto, transmitira sua afecção sexual à mãe. Era inteiramente compreensível que ela, nessa sua conclusão, confundisse, como uma grande parte dos leigos em geral, gonorreia e sífilis, e também o que era hereditário com o transmissível pelo contato. Sua insistência nessa identificação quase me obrigou a lhe perguntar se ela também tinha uma doença venérea, e foi então que fiquei sabendo que ela estava padecendo de um catarro[73] [*fluor albus*], que não conseguia lembrar como teve início.

---

[73] Freud utiliza o termo "*Katarrh*", aqui traduzido por "catarro", que pode ser entendido como "muco", mas que na verdade denota a leucorreia, corrimento vaginal [*fluor albus*] de que Dora é acometida. (N.T.)

Agora eu entendia que, por trás do curso de pensamento que acusava expressamente o pai, escondia-se, como de hábito, uma autoacusação, e, como veio a calhar, assegurei-lhe que o *fluor* das moças jovens, a meu ver, apontava preferencialmente para a masturbação, e que eu relegava para o segundo plano, além da masturbação, todas as outras causas comumente atribuídas a esse sofrimento.[74] Ao confessar que se masturbava, provavelmente na infância, ela estava em vias de dar uma resposta à sua própria pergunta sobre o porquê de justamente ela estar doente. Com extrema veemência, negou ser capaz de se lembrar de semelhante coisa. Porém, alguns dias mais tarde, apresentou algo que tive de considerar como mais uma maneira de se aproximar da confissão. É que, nesse dia, coisa que nunca acontecera nem antes nem depois, ela usava uma bolsinha de dinheiro a tiracolo, naquele formato que acabara de virar moda, e ficava brincando com ela enquanto falava deitada, abrindo-a e enfiando um dedo dentro da bolsinha, voltando a fechá-la etc. Fitei-a um instante e, em seguida, expliquei-lhe o que seria uma *ação sintomática*.[75] Chamo de ações sintomáticas àquelas práticas que o ser humano executa, digamos, de maneira automática, inconsciente, sem prestar atenção, como que brincando, e às quais ele quer negar qualquer significado, declarando-as indiferentes e fortuitas, ao ser perguntado sobre elas. Uma observação mais cuidadosa mostra, então, que essas ações,

---

[74] [*Nota acrescida em 1923*:] Uma versão extrema que eu hoje não mais defenderia.

[75] Comparar meu ensaio sobre a "Psicopatologia da vida cotidiana" na *Monatsschrift für Psychiatrie und Neurologie* [Revista mensal de psiquiatria e neurologia], 1901. (Publicado como livro em 1904, 10. ed. 1924. Disponível no vol. IV das *Ges. Werke*.)

das quais a consciência nada sabe ou nada quer saber, dão expressão a pensamentos e impulsos inconscientes, sendo, por conseguinte, valiosas e instrutivas como manifestações permitidas do inconsciente. Há dois tipos de conduta consciente em relação às ações sintomáticas. Mesmo se puderem ser discretamente motivados, ainda assim se toma conhecimento deles; se faltar um pretexto como esse perante o consciente, então geralmente não se percebe, absolutamente, que eles estão sendo executados. No caso de Dora, a motivação foi fácil: "Por que não devo usar uma bolsinha assim que agora está na moda?". Mas uma justificativa como essa não elimina a possibilidade da origem inconsciente da respectiva ação. Por outro lado, nem essa origem e nem o sentido conferido à ação podem ser obrigatoriamente comprovados. É preciso satisfazer-se em constatar que um sentido desse tipo se adequa perfeitamente ao contexto da presente situação, à ordem do dia do inconsciente.

Em outra oportunidade, apresentarei uma coletânea dessas ações sintomáticas da maneira como podem ser observadas em pessoas saudáveis e em pessoas nervosas. Às vezes, as interpretações são fáceis. A bolsinha de duas partes de Dora nada mais é que uma figuração dos genitais, e sua brincadeira com ela, abrindo-a e o enfiando o dedo dentro dela, uma comunicação pantomímica certamente despreocupada, mas inconfundível, do que ela gostaria de fazer com isso, a masturbação. Recentemente me aconteceu um caso semelhante, que teve um efeito muito divertido. Uma senhora mais idosa, no meio da sessão, saca uma caixinha de marfim, supostamente para umedecer a garganta com uma bala, esforça-se em abri-la e passa-a então para mim, para eu me convencer de como é difícil abri-la. Mostro minha desconfiança de que essa caixa deveria significar algo especial, pois eu a estava vendo hoje pela primeira vez, embora a proprietária já me visite há mais de um ano. Ao que a senhora responde entusiasmada: "sempre trago essa caixa comigo, levo-a para onde quer que eu vá!". Só se acalma após eu tê-la feito notar como suas palavras eram bem adequadas a outro significado. A caixa – box, πύξις –, assim como a bolsinha, como a caixinha de joias, é mais uma vez apenas uma representante da concha de Vênus,[76] dos genitais femininos!

Na vida, há muito desse simbolismo, pelo qual costumamos passar sem nos atentar. Quando me propus a tarefa de trazer à luz o que os seres humanos escondem, não através da coerção hipnótica, mas do que eles dizem e mostram, considerei a tarefa mais difícil do que ela realmente é. Quem tem olhos para ver e ouvidos para ouvir convence-se de que os mortais não podem esconder nenhum segredo. Aquele cujos lábios se calam fala com as pontas dos dedos; a traição lhe sai por todos os poros. E por isso a tarefa de tornar consciente o que há de mais oculto no anímico pode efetivamente ser resolvida.

A ação sintomática de Dora com a bolsinha não foi o precursor imediato do sonho. Ela iniciou a sessão que

---

[76] O vocábulo alemão utilizado por Freud no original [*Venusmuschel*] tem uso corrente na língua alemã para designar diversos moluscos da família dos venerídeos, tais como berbigões, vôngoles, amêijoas, sarnambis etc. Se, no trecho acima, não surge em português nenhuma referência à deusa romana do amor, note-se que Vênus está representada nesta versão brasileira do texto original de Freud na tradução do vocábulo "*Geschlechtskrankheit*", termo que corresponde a "doença venérea". Ademais, o vocábulo "*Muschel*" (ou seu diminutivo "*Muschi*"), presente na palavra composta "*Venusmuschel*", também significa, na linguagem vulgar germanófona, os genitais femininos. (N.T.)

nos trouxe o relato do sonho com outra ação sintomática. Quando entrei na sala em que me esperava, rapidamente ela escondeu uma carta que estava lendo. Naturalmente perguntei de quem era a carta, e a princípio ela se recusou a mencioná-lo. Em seguida, veio à tona algo que era extremamente indiferente e sem relação com o nosso tratamento. Era uma carta da avó, intimando-a a lhe escrever com mais frequência. Acho que ela apenas queria simular um "segredo" para mim e insinuar que agora deixaria o médico arrebatar seu segredo. Sua relutância contra qualquer novo médico se explicou agora através do medo de que, durante a consulta (através do catarro) ou durante o exame (através da comunicação de que molhava a cama), ele chegasse ao motivo do seu sofrimento, ou seja, que ele adivinhasse a masturbação, no seu caso. Por isso, ela sempre desdenhava dos médicos, que evidentemente ela antes sobrestimava.

Com as acusações ao pai, por tê-la feito adoecer, e mais a autoacusação por trás disso – *fluor albus* – brincar com a bolsinha – molhar a cama após os 6 anos – e o segredo que ela não quer que lhe seja arrebatado pelos médicos: considero formada, sem lacunas, a prova indiciária da masturbação infantil. Comecei a pressentir a masturbação nesse caso quando ela me contou sobre as cólicas estomacais da prima (p. 54) e passou a se identificar com ela, queixando-se dias a fio das mesmas sensações dolorosas. É conhecida a frequência com que cólicas estomacais ocorrem justamente nos masturbadores. De acordo com uma comunicação pessoal de W. Fließ, são justamente essas as gastralgias que podem ser interrompidas mediante cocainização do "ponto gástrico", por ele descoberto no nariz, e podem ser curadas mediante sua cauterização. Conscientemente, Dora me confirmou duas coisas: que ela própria sofrera muitas vezes de dores estomacais, e que ela tinha boas razões para considerar a prima uma masturbadora. É muito comum os doentes reconhecerem em outros uma situação, cujo reconhecimento em sua própria pessoa lhes é impossibilitado por resistências emocionais. Ela também não mais negava, embora ainda não se lembrasse de nada. Também considero suscetível de uso clínico a determinação do período do molhar a cama "até um pouco antes de surgir a asma nervosa". Enquanto as crianças se masturbam, os sintomas histéricos quase nunca se apresentam, mas só na abstinência[77] exibem um substituto para a satisfação masturbatória, que continua a ser reivindicada no inconsciente, enquanto não surgir uma satisfação mais normal de outro tipo, caso esta ainda tenha permanecido possível. Essa última condição é o ponto de viragem para a eventual cura da histeria através do casamento e da relação sexual normal. Se a satisfação no casamento voltar a ser suspensa, talvez por causa de *coitus interruptus*, alheamento psíquico etc., a libido então volta a buscar seu velho leito de rio, manifestando-se, por seu turno, em sintomas histéricos.

Ainda gostaria de acrescentar a informação segura de quando e através de que influência especial a masturbação foi reprimida em Dora, mas a incompletude da análise obriga-me a apresentar, aqui, um material cheio de lacunas. Sabemos que molhou a cama até pouco antes do primeiro adoecimento por dispneia. Ora, a única coisa que ela sabia indicar para esclarecer esse primeiro estado era que o pai, naquela ocasião, teria viajado pela primeira vez depois de sua melhora. Nesse pequeno fragmento de lembrança

---

[77] No caso de adultos, em princípio isso também é válido, mas aqui basta uma relativa abstinência ou restrição de masturbação, de modo que, no caso de uma libido forte, histeria e masturbação possam ocorrer juntas.

preservado, tinha de estar indicada uma relação com a etiologia da dispneia. Agora, através de ações sintomáticas e outros indícios, eu obtinha um bom motivo para supor que a criança cujo quarto se encontrava ao lado do dos pais teria entreouvido uma visita noturna do pai a sua esposa e ouvido a respiração ofegante do homem, que de qualquer modo já tinha fôlego curto, durante o coito. Nesses casos, as crianças pressentem o sexual no ruído infamiliar. De fato, os movimentos expressivos da excitação sexual estão prontos dentro delas como mecanismos inatos. Já indiquei há anos que a dispneia e as palpitações da histeria e da neurose de angústia são apenas partes soltas desprendidas do ato do coito, e, em muitos casos, como no de Dora, pude reconduzir o sintoma da dispneia, da asma nervosa, à mesma causa, ao entreouvir da relação sexual de adultos. Sob a influência da coexcitação estabelecida na ocasião, pôde certamente se produzir uma reviravolta na sexualidade da pequena, substituindo a inclinação para a masturbação pela inclinação à angústia. Algum tempo mais tarde, quando o pai estava ausente, e a criança enamorada pensando nele com saudade, ela então repetiu essa impressão como um acesso de asma. A partir da causa desse adoecimento preservada na lembrança, ainda se pode adivinhar o movimento angustiado de pensamentos que acompanhou o acesso. Teve-o a primeira vez após ter se extenuado em uma excursão pela montanha, provavelmente após ter realmente sentido falta de ar. A isso somou-se a ideia de que o pai estava proibido de escalar montanhas, de que ele não podia fatigar-se por ter fôlego curto, em seguida somou-se aquela lembrança do quanto ele havia se esforçado naquela noite com a mamãe, se acaso isso não lhe teria causado algum dano e, em seguida, a preocupação de saber se ela própria não teria feito esforços excessivos durante a masturbação, que levava igualmente ao orgasmo sexual com um pouco de dispneia, e em seguida o retorno reforçado dessa dispneia como sintoma. Uma parte desse material ainda consegui depreender da análise, a outra parte tive de complementar. A partir da constatação da masturbação, vimos que só se recolhe o material para uma exposição científica pedaço por pedaço, em diferentes períodos e em diferentes contextos.[78]

Surge, agora, uma série das mais relevantes questões à etiologia da histeria sobre se o caso de Dora pode ser considerado típico para a etiologia, se ele representa o único tipo

---

[78] De modo bem semelhante, a prova da masturbação infantil também é produzida em outros casos. Na maioria das vezes, o material para isso é de natureza semelhante: indícios de *fluor albus*, enurese, cerimonial das mãos (compulsão por lavagem) etc. Se o hábito foi descoberto por uma criada ou não, se uma luta para a perda do hábito ou uma reviravolta levou a termo essa prática sexual, com certeza, sempre se pode adivinhar através da sintomatologia do caso. No caso de Dora, a masturbação permaneceu não detectada e de um golpe encontrou um fim (segredo, medo de médicos – substituição pela dispneia). É verdade que os doentes contestam regularmente a força comprobatória desses indícios, e o fazem até mesmo quando a lembrança do catarro ou da advertência da mãe ("isso emburrece; é nocivo") ficou na lembrança consciente. Mas, algum tempo depois, também se instala com segurança a lembrança dessa parte da vida sexual infantil tanto tempo recalcada e, na verdade, em todos os casos. – Em uma paciente com ideias obsessivas que eram derivados diretos da masturbação infantil, comprovou-se que os traços do proibir-se, do punir-se, e, tendo feito isso, não ter o direito de fazer aquilo o ter-o-direito-de-não-ser-incomodada, a intercalação de pausas entre a execução (com as mãos) e uma próxima, a lavagem de mãos etc., eram partes preservadas inalteradas do trabalho de desabituação por parte de sua cuidadora. A advertência: "Eca, isso faz mal!" foi a única que sempre ficou guardada na memória. A respeito desse tema, comparar também meu trabalho *Drei Abhandlungen zur Sexualtheorie*, 1905; 5. ed. 1922 (disponível no v. V das *Ges. Werke*).

de causação etc. Não obstante, certamente tenho razão em aguardar a resposta a essas perguntas para quando houver a comunicação de uma maior série de casos analisados de maneira semelhante. Ademais, eu teria de começar por retificar a formulação das perguntas. Em vez de me pronunciar com um "sim" ou um "não" a respeito da questão de saber se a etiologia desse caso de doença deve ser buscada na masturbação, eu teria de discutir primeiramente o conceito de etiologia nas psiconeuroses. O ponto de vista a partir do qual eu poderia responder mostrar-se-ia substancialmente deslocado em relação ao ponto de vista a partir do qual a questão me é colocada. Já será suficiente se, nesse caso, chegarmos à convicção de que a masturbação infantil é comprovável, de que ela não poderá ser nada fortuita nem nada indiferente[79] para a configuração do quadro da doença. Acena-nos mais um entendimento dos sintomas de Dora, se examinarmos de perto o significado do *fluor albus* por ela confessado. A palavra "catarro", com a qual ela aprendeu a designar sua afecção quando um mal semelhante forçou a mãe a ir a Franzensbad, é, por sua vez,

---

[79] O irmão tem de estar ligado de alguma maneira ao hábito da masturbação, pois, nesse contexto, ela contou com uma ênfase que denunciava uma "lembrança encobridora" na qual o irmão sempre lhe passava todas as doenças contagiosas, que nele mesmo eram leves, mas nela assumiam forma grave. No sonho, o irmão também foi preservado de "perecer"; ele próprio molhava a cama, mas deixou de fazê-lo antes da irmã. De certo modo, também era uma "lembrança encobridora" quando ela declarou ter se mantido à altura do irmão até a primeira doença e, a partir de então, ela sempre teria ficado para trás nos estudos. Era como se, até aquele momento, ela tivesse sido um menino e, só então, tivesse passado a ganhar ares de menina. Ela realmente era uma coisa selvagem e, a partir da "asma", tornou-se calada e bem-comportada. Essa doença constituiu nela a fronteira entre duas fases da vida sexual, das quais a primeira teve um caráter masculino, e a posterior, um feminino.

uma "trilha" através da qual foi aberto o acesso para que toda a série de pensamentos sobre a culpa do papai pela doença se manifestasse no sintoma da tosse. Essa tosse, que sem dúvida provinha originalmente de um ligeiro catarro real, era, de qualquer modo, imitação do pai, que também sofria de um mal pulmonar, e pôde expressar sua compaixão e sua preocupação por ele. Mas também proclamava ao mundo, por assim dizer, aquilo que talvez, àquela época, ainda não houvesse ficado consciente para ela: "Sou a filha do papai. Estou com catarro como ele. Ele me fez adoecer, assim como ele também adoeceu a mamãe. É dele que tenho as más paixões que se punem com doença".[80]

Podemos agora fazer a tentativa de reunir os diversos determinismos que encontramos para os acessos de tosse e rouquidão. Podemos supor, na camada mais inferior da estratificação, um estímulo real de tosse, organicamente condicionado, vale dizer, como o grão de areia, em torno do qual a ostra[81] forma a pérola. Esse estímulo é passível de

---

[80] O mesmo papel foi desempenhado por essa palavra no caso da menina de 14 anos, cuja história clínica eu condensei em algumas linhas na página 37, nota 18. Eu instalara a criança em uma pensão, na companhia de uma senhora inteligente que me prestava serviços como enfermeira. Essa senhora relatou-me que a pequena paciente não tolerava sua presença na hora de ir para a cama e que, uma vez na cama, tossia chamativamente, embora, durante o dia, nada se ouvisse de tal tosse. Ao ser indagada sobre esses sintomas, apenas lhe ocorreu que sua avó, que diziam sofrer com um catarro, tossia da mesma maneira. Então ficou claro que ela também tinha um catarro e que não queria ser observada durante o asseio feito à noitinha. O catarro, que, por meio dessa palavra, foi deslocado de *baixo para cima*, mostrava inclusive uma intensidade incomum.

[81] Freud não recorre ao termo específico "*Auster*" [ostra], mas ao genérico "*Muscheltier*" [molusco], uma justaposição de dois substantivos:

fixação, porque envolve uma região do corpo que conservou em alto grau a importância de uma zona erógena, no caso da menina. Portanto ele é adequado para dar expressão à libido excitada. Ele é fixado através do que provavelmente foi o primeiro encobrimento psíquico, a imitação comiserada do pai doente, e, em seguida, através das autoacusações por causa do "catarro". Além disso, o mesmo grupo de sintomas mostra-se capaz de representar as relações com o Sr. K., de lamentar sua ausência e de expressar o desejo de ser uma mulher melhor para ele. Após uma parte da libido ter se voltado novamente para o pai, o sintoma ganha seu talvez último significado, o de figurar a relação sexual com o pai na identificação com a Sra. K. Gostaria de afiançar que essa série está longe de ser completa. Infelizmente, a análise incompleta não é capaz de seguir temporalmente a trilha do significado nem de esclarecer a sequência e a coexistência de diferentes significados. Só é lícito apresentar essas exigências a uma análise completa.

Não posso agora deixar de abordar outras relações do catarro genital[82] com os sintomas histéricos de Dora. Em tempos em que um esclarecimento psíquico da histeria ainda estava muito distante, ouvi colegas mais velhos, experientes, afirmarem que, em pacientes que apresentavam *fluor*, uma piora do catarro era regularmente seguida de uma intensificação dos sofrimentos histéricos, em especial do desprazer de comer e dos vômitos. Essa situação não

---

"*Muschel*" [concha] e "*Tier*" [animal, bicho]. Em uma nota anterior, mostrou-se que o vocábulo "*Muschel*" em alemão é associado aos genitais femininos. (N.T.)

[82] Em alemão, Freud usa o termo "*Genitalkatarrh*", que significa literalmente "catarro genital" (N.T.)

estava clara para ninguém, mas acho que se tendia para a perspectiva dos ginecologistas, que, como se sabe, supõem, em ampla medida, uma influência direta e organicamente perturbadora das afecções genitais sobre as funções nervosas, embora a comprovação terapêutica que corre por nossa conta nos desaponte sobremaneira. No atual estágio de nosso conhecimento, também não se pode declarar excluída uma influência direta e orgânica como essa, mas, em todo caso, seu ocultamento psíquico é mais fácil de ser comprovado. Para nossas mulheres, o orgulho pela configuração dos genitais é uma parte muito importante de sua vaidade; suas afecções, que são tidas como apropriadas para inspirar aversão ou até mesmo asco, acabam tendo, de maneira bastante inacreditável, um efeito ofensivo, rebaixando a autoestima, deixando-as irritadas, sensíveis e desconfiadas. A secreção anormal da mucosa da vagina é considerada repugnante.

Lembremo-nos de que, após o beijo do Sr. K., surgiu em Dora uma viva sensação de asco, e de que encontramos motivo para complementar o relato que ela nos fez dessa cena de beijo até o ponto em que ela teria sentido a pressão do membro ereto contra seu próprio corpo, ao ser abraçada. Ficamos sabendo, além disso, que aquela mesma preceptora que ela afastara de si por sua infidelidade contou-lhe por experiência própria que todos os homens são levianos e não confiáveis. Para Dora, isso devia significar que todos os homens eram como o papai. Mas ela considerava que seu pai sofria de doença venérea, e que ele a teria transmitido a ela e à mãe. Portanto, ela podia imaginar que todos os homens teriam doença venérea, e o seu conceito de doença venérea teria sido formado naturalmente de acordo com sua experiência única e pessoal. Para Dora, ter uma doença venérea significava, portanto, padecer de uma secreção nojenta – não seria essa outra motivação do nojo que sentiu no momento do abraço? Esse nojo transferido para o contato com o homem seria então um nojo referido em última instância a seu próprio *fluor* e projetado segundo o já mencionado mecanismo primitivo (p. 51).

Presumo tratar-se aqui de movimentos inconscientes de pensamento moldados sobre tramas orgânicas prefiguradas, tal como guirlandas florais sobre coroas de arame, de tal sorte que em outro caso seja possível encontrar outras vias de pensamento intercaladas nos mesmos pontos de partida e de chegada. Não obstante, o discernimento das diferentes conexões de pensamento que foram eficazes em cada caso particular é de valor insubstituível para a solução dos sintomas. O fato de termos precisado recorrer a suposições e complementações no caso de Dora só pode ser justificado pela interrupção prematura da análise. O que eu apresento para preencher as lacunas apoia-se inteiramente em outros casos analisados a fundo.

*

O sonho, através de cuja análise obtivemos os esclarecimentos anteriores, corresponde, como descobrimos, a um propósito que Dora leva consigo para o sono. Por esse motivo, ele repete-se todas as noites até o propósito ser cumprido, e ele volta a surgir anos mais tarde, tão logo se apresenta uma ocasião de adotar um propósito análogo. O propósito pode ser enunciado conscientemente desta maneira: sair desta casa na qual, como vi, minha virgindade corre perigo; parto com o papai e, de manhã, durante a toalete, pretendo tomar minhas precauções para não ser surpreendida. Esses pensamentos encontram sua expressão clara no sonho; fazem parte de uma corrente que, no estado de vigília, alcançou a consciência e se tornou dominante. Por detrás deles, pode-se discernir um curso obscuro de pensamentos substitutos que corresponde à corrente oposta e, por isso, sucumbiu à repressão. Ele culmina na tentação de se render ao homem, em agradecimento pelo amor e pela ternura demonstrados nos últimos anos, e talvez evoque a lembrança do único beijo que ela, até então, dele recebeu. Porém, de acordo com a teoria desenvolvida na minha interpretação do sonho, esses elementos não bastam para formar um sonho. Um sonho não é um propósito que se figura como executado, mas um desejo que se figura como realizado e, na verdade, possivelmente um desejo proveniente da vida infantil. Temos a obrigação de examinar se essa proposição não é refutada por nosso sonho.

De fato, o sonho contém material infantil que não se encontra, à primeira vista, em nenhuma relação compreensível com o propósito de se evadir da casa do Sr. K. e da tentação que dele provém. Por que será que surge a lembrança de molhar a cama quando criança e do trabalho a que o pai se deu para habituar a criança a se manter limpa? Essa pergunta pode ser respondida afirmando-se: porque só com a ajuda desse curso de pensamento é possível reprimir os intensos pensamentos de tentação e deixar dominar o propósito formado contra ele. A criança decide fugir *com* seu pai; na verdade, foge *para* seu pai, tomada pelo medo do homem que a perseguia; ela evoca uma inclinação infantil ao pai, a qual deverá protegê-la da inclinação recente por um estranho. Do atual perigo é cúmplice o próprio pai, que, movido por seus próprios interesses amorosos, entregou-a ao homem desconhecido. Como era realmente muito melhor quando o mesmo pai não preferia mais ninguém, a não ser ela, e se empenhava em salvá-la dos perigos que então a ameaçavam! O desejo infantil e hoje inconsciente de colocar o pai no lugar do homem desconhecido é uma potência formadora de sonhos. Se tiver havido uma situação passada semelhante a uma atual, mas que desta se distinga por tal substituição de pessoas, ela passa a ser a situação principal do conteúdo do sonho. E há uma situação dessa natureza; justamente como fizera o Sr. K. na véspera, o pai esteve antes de pé diante de sua cama, possivelmente despertando-a com um beijo, como talvez pretendesse o Sr. K. Portanto, o propósito de se evadir da casa não é, por si só, capaz de formar um sonho; mas o será, na medida em que a ele se juntar outro propósito apoiado em desejos infantis. O desejo de substituir o Sr. K. pelo pai fornece a força pulsional para o sonho. Lembro aqui a interpretação a que me obrigou o curso reforçado de pensamentos referido à relação do pai com a Sra. K., interpretação segundo a qual aqui teria sido evocada uma inclinação infantil pelo pai, para poder manter sob recalcamento o amor recalcado em relação ao Sr. K.; o sonho reflete essa reviravolta na vida anímica da paciente.

Sobre a relação entre os pensamentos do estado de vigília que prosseguem durante o sono – os restos diurnos – e o desejo inconsciente formador do sonho, fiz algumas observações em *A interpretação do sonho* (p. 329, 8. ed., p. 383), que citarei aqui inalteradas, pois nada tenho a lhes acrescentar, e porque a análise do sonho de Dora volta a provar que a situação não é diferente.

"Quero admitir que exista uma classe de sonhos cuja *incitação* provém, de maneira predominante ou até mesmo exclusiva, dos restos da vida diurna e acho que até mesmo meu desejo de finalmente tornar-me professor associado[83] teria me deixado dormir tranquilo naquela noite, se não tivesse permanecido ativa a preocupação do dia anterior com a saúde de meu amigo. Mas só essa preocupação não teria produzido nenhum sonho; a *força pulsional* de que o sonho precisava teve de ser fornecida por um desejo; cabia à preocupação arranjar um desejo como esse que servisse como força pulsional do sonho. Para dizê-lo como uma analogia: é muito possível que um pensamento diurno desempenhe o papel de *empresário* para o sonho; mas o empresário, que, como se diz, tem a ideia e o ímpeto para implementá-la de fato, afinal nada pode fazer sem capital; ele precisa de um capitalista para custear o gasto, e esse capitalista que disponibiliza o gasto psíquico para o sonho é, em todos os casos e inevitavelmente, qualquer que seja o pensamento diurno, *um desejo que vem do inconsciente*."

Quem conheceu a sutileza na estrutura dessas formações que são os sonhos não ficará surpreso em descobrir que o desejo de que o pai tome o lugar do homem tentador não traz à lembrança apenas um material qualquer da infância, mas justamente aquele que mantém as mais íntimas relações com a repressão dessa tentação. Pois, se Dora se sente incapaz de ceder ao amor por esse homem, se ocorre o recalcamento desse amor em vez da entrega, então essa decisão não está mais intimamente relacionada a nenhum outro fator senão ao seu prematuro gozo sexual e suas consequências, o molhar a cama, o catarro e o nojo. Uma pré-história como essa pode constituir, de acordo com a somação das condições constitucionais, o fundamento de dois tipos de conduta em relação à exigência de amor na idade madura: ou a entrega

---

[83] Isso se refere à análise do sonho ali utilizado como exemplo.

plena e sem resistência à sexualidade, que beira a perversão, ou, por reação, a sua recusa, adoecendo neuroticamente. Em favor do segundo comportamento, foram decisivos para a nossa paciente a sua constituição e seu nível de educação intelectual e moral.

Quero ainda chamar especial atenção para o fato de que, a partir da análise desse sonho, tivemos acesso a detalhes das experiências caracterizadas por efeitos patogênicos, aos quais, de outra forma, não haviam tido acesso à memória ou, pelo menos, à reprodução. Como ficou evidente, a lembrança do molhar a cama na infância já estava recalcada. Os detalhes do assédio por parte do Sr. K. nunca foram mencionados por Dora, eles não lhe ocorreram.

*

Mais algumas observações a respeito da síntese desse sonho: o trabalho do sonho principia na tarde do segundo dia após a cena do bosque, depois de ela haver percebido que não mais podia fechar seu quarto a chave. Diz, então, para si mesma: aqui corro um sério perigo, e concebe o propósito de não ficar sozinha na casa, mas sim de partir com o pai. Esse propósito torna-se passível de formar sonhos, pois encontra prosseguimento penetrando no inconsciente. Lá, corresponde a ele o fato de ela evocar o amor infantil pelo pai como proteção contra a tentação atual. A viragem que então nela se consuma fixa-se e a conduz à posição representada por seu movimento *hipervalente* de pensamentos (ciúmes da Sra. K. por causa do pai, como se estivesse apaixonada por ele). Nela lutavam a tentação de ceder ao homem que a cortejava e a relutância que se juntou contra isso. Esta última é composta por motivos de decoro e prudência, por moções hostis decorrentes da revelação da preceptora (ciúmes, orgulho ferido, ver a seguir) e por um elemento neurótico, aquela parte de aversão sexual à que estava predisposta, que se enraíza em sua história infantil. O amor ao pai evocado como proteção contra a tentação provém dessa história infantil.

O sonho transforma o propósito, embrenhado no inconsciente, de fugir para o pai em uma situação que exibe como realizado o desejo de que o pai a salve do perigo. Para isso, é preciso retirar do caminho um pensamento que constitui um obstáculo, de que o pai seja justamente aquele que a expôs a esse perigo. Quanto à moção hostil contra o pai aqui reprimida (inclinação à vingança), vamos conhecê-la como um dos motores do segundo sonho.

De acordo com as condições da formação de sonhos, a situação fantasiada é escolhida de modo a repetir uma situação infantil. É um triunfo especial conseguir-se transformar uma situação recente, talvez justamente a que ocasionou o sonho, em uma situação infantil. Nesse caso deu certo por mera casualidade do material. Assim como o Sr. K. postou-se diante de sua cama e a acordou, assim também o fez o pai, com frequência, durante a infância. Toda a sua mudança pode ser simbolizada adequadamente, na medida em que ela, nessa situação, substitui o Sr. K. pelo pai.

Mas naquela época o pai a acordava para ela não molhar a cama.

Esse "molhar" será decisivo para o conteúdo ulterior do sonho, no qual, todavia, ele está representado apenas por uma alusão distante e pelo seu oposto.

O oposto de "molhar", "água" pode facilmente ser "fogo", "queimar". A casualidade de o pai, ao chegar ao lugar, ter expressado medo do perigo de fogo também me ajuda a decidir que o perigo de que o pai a salva é um perigo de incêndio. A situação escolhida da imagem do sonho apoia-se nesse acaso e no oposto de "molhar": está acontecendo um incêndio, o pai está de pé diante da sua cama para acordá-la. A menção casual do pai certamente não teria chegado a essa importância no conteúdo do sonho, se não estivesse tão bem afinada com a triunfante corrente de sentimentos que necessariamente quer encontrar no pai seu protetor e salvador. Ele pressentiu o perigo logo na chegada, ele estava certo! (Na realidade, ele expôs a moça àquele perigo.)

Nos pensamentos do sonho, cabe ao "molhar", em consequência de ligações relativamente fáceis de se estabelecer, o papel de ponto nodal para diversos círculos de representações. "Molhar" não faz parte apenas do molhar a cama, mas também do círculo dos pensamentos de tentações sexuais reprimidas por detrás desse conteúdo onírico. Ela sabe que também há um "molhar-se" na relação sexual, que, durante a cópula, o homem dá à mulher algo líquido *em forma de gotas*. Ela sabe que o perigo reside justamente nisso, de lhe ser dada a tarefa de proteger o genital de ser molhado.

Com "molhar" e "gotas", abre-se, ao mesmo tempo, o outro círculo de associações, o do catarro repugnante, que, em seus anos mais maduros, tem, sem dúvida, o mesmo significado vergonhoso que o molhar a cama durante a infância. Nesse caso, "molhar" tem o mesmo significado de "sujo". O genital que deve ser mantido limpo já foi sujado pelo catarro, por sinal, tanto no caso da mãe quanto no dela (p. 101). Dora parece entender que a mania de limpeza da mãe é a reação contra essa sujeira.

Ambos os círculos se conjugam em um: a mãe obteve ambas as coisas por intermédio do papai: o molhar sexual e o *fluor* que suja. Não é possível separar o ciúme em relação à mãe do círculo de pensamentos do amor infantil pelo pai aqui evocado como proteção. Mas esse material ainda não é passível de figuração. Não obstante, se for possível encontrar uma lembrança que esteja semelhantemente bem conectada aos dois círculos do "molhar", mas que evite o que é chocante, esta poderá, então, assumir a representação no conteúdo do sonho.

Uma representação como essa encontra-se no episódio das "gotas" como joia desejada pela mãe. Aparentemente, a conexão dessa reminiscência com os dois círculos do molhar sexual e da sujeira é externa, superficial, mediada pelas palavras, pois "gotas" é utilizada como "trilha", como uma palavra de duplo sentido, e "joia", tanto quanto "limpo", é um oposto um tanto forçado para "sujo". Na realidade, podem-se verificar as mais sólidas conexões de conteúdo. A lembrança provém do material do ciúme de raiz infantil em relação à mãe, mas que prosseguiu de maneira ampla. Através dessas duas pontes verbais, pode ser transposto àquela única reminiscência da "joia em forma de gotas" todo o significado colado às representações da relação sexual entre os pais, ao adoecimento por *fluor* e à martirizante mania de limpeza da mamãe.

No entanto, mais um deslocamento precisa ganhar terreno para o conteúdo do sonho. "Gotas", embora mais próximo do "molhar" original, não ingressa no sonho, mas "joia" o faz. Se esse elemento for inserido na situação onírica já fixada antes, poder-se-ia dizer, portanto: a mamãe ainda quer salvar as suas joias. Ora, na nova alteração, "caixinha de joias", faz-se valer, *a posteriori*, a influência de elementos do círculo subjacente relativo à tentação vindo do Sr. K. Joias, o Sr. K. não as presenteou a ela, mas certamente deu uma "caixinha" para elas, o substituto para todas as honras e demonstrações de afeto pelas quais ela agora deveria ser grata. E o composto[84] que agora emergiu, "caixinha de joias" [*Schmuckkästchen*], ainda tem um valor especial de substituição. Acaso "caixinha de joias"[85] não é uma imagem comum para o genital feminino imaculado e intacto? E, não é, por outro lado, uma palavra inocente e, portanto, perfeitamente apropriada tanto para insinuar quanto para esconder os pensamentos sexuais por trás do sonho?

Portanto, assim se diz no conteúdo do sonho em dois trechos: "caixinha de joias da mamãe", e esse elemento substitui a menção

---

[84] Em alemão, Freud fala da "palavra composta" [*Kompositum*] surgida, pois o termo alemão é um composto por justaposição: "*Schmuckkästchen*". (N.T.)

[85] Embora mais raramente, essa metáfora ainda é encontrada no alemão de hoje. No português do Brasil, também em desuso, expressões como "tesouro" ou "preciosa" podem remeter ao genital feminino. (N.T./N.E.)

do ciúme infantil, das gotas, portanto, do molhar sexual, da sujeira pelo *Fluor*, e, por outro lado, dos pensamentos de tentação agora atuais, que pressionam pela retribuição do amor e retratam a situação sexual – almejada e ameaçadora – iminente. Como nenhum outro, o elemento "caixinha de joias" é um resultado de condensação e deslocamento, e um compromisso [*Kompromiß*] entre correntes opostas. Seu duplo aparecimento no conteúdo do sonho certamente indica sua origem múltipla – a partir da fonte infantil bem como da atual.

O sonho é a reação a uma experiência recente, com efeito excitador, que necessariamente tem de despertar a lembrança da única experiência análoga de anos anteriores. Trata-se da cena do beijo na loja, quando surge o nojo. Porém, de modo associativo, a mesma cena é acessível por outro lugar, pelo círculo de pensamentos do catarro (comparar com p. 111) e pelo da tentação atual. Ela fornece, pois, uma contribuição própria ao conteúdo do sonho, que precisa adequar-se à situação pré-formada. Há fogo... o beijo sem dúvida tinha gosto de fumaça, portanto, no conteúdo do sonho ela sente cheiro de fumaça, que no caso se estende ao longo do despertar.

Por falta de atenção, infelizmente deixei uma lacuna na análise desse sonho. Atribui-se ao pai esta fala: eu não quero que meus dois filhos etc. pereçam (partindo dos pensamentos do sonho, certamente cabe acrescentar aqui: em decorrência da masturbação). Esse tipo de fala no sonho geralmente se compõe de partes de fala real, pronunciada ou ouvida. Eu deveria ter-me informado sobre a verdadeira origem dessa fala. O resultado dessa averiguação teria por certo tornado mais complicada a estrutura do sonho, mas certamente também teria permitido reconhecê-la de modo mais transparente.

Deve-se supor que esse sonho, aquela vez em L., teve exatamente o mesmo conteúdo que durante sua repetição durante a terapia? Não parece necessário. A experiência mostra que com frequência os seres humanos afirmam ter tido o mesmo sonho, ao passo que as manifestações isoladas do sonho recorrente se diferenciam por inúmeros detalhes e por outras amplas modificações. Desse modo, uma de minhas pacientes relata ter tido hoje, mais uma vez, seu sonho favorito sempre recorrente da mesma maneira, no qual ela estaria nadando no mar azul, usufruindo o prazer de furar as ondas etc. Uma investigação mais acurada revela que, sobre a base comum, sobrepunha-se ora este, ora aquele detalhe; inclusive uma vez ela estava nadando no mar quando ele estava congelado, entre *icebergs*. Outros sonhos, que ela mesma não tenta fazer passar como sendo os mesmos, mostram-se intimamente ligados a esse recorrente. Por exemplo, a partir de uma fotografia, ela vê simultaneamente o planalto e a planície da ilha de Helgoland em dimensões reais, um navio no mar, no qual se encontram dois conhecidos seus da época da juventude etc.

Certo é que o sonho de Dora ocorrido durante a terapia – talvez sem modificar seu conteúdo manifesto – ganhara um novo significado atual. Ele incluía, entre seus pensamentos oníricos, uma relação com meu tratamento e correspondia a uma renovação do antigo propósito de fugir de um perigo. Se não estava em jogo nenhuma confusão de lembrança da parte dela quando afirmou ter sentido a fumaça após despertar já em L., então se deve reconhecer que ela foi muito hábil em colocar meu ditado "Onde há fumaça há fogo" na forma acabada do sonho, onde ele aparece empregado para sobredeterminar o último elemento. Foi um acaso incontestável que a última ocasião recente, o trancamento da sala de jantar por parte da mãe, através do qual o irmão ficava trancafiado em seu quarto, lhe trazia uma conexão com o assédio do Sr. K. em L., quando ela amadureceu a sua decisão ao não poder trancar seu quarto. Talvez o irmão não tenha aparecido nos sonhos daquela época, de modo que a fala "meus dois filhos" só chegou ao conteúdo do sonho depois da última ocasião.

III
O segundo sonho

Poucas semanas após o primeiro sonho, ocorreu o segundo, com cuja solução interrompeu-se a análise. Não se pode torná-lo tão transparente quanto o primeiro, mas ele trouxe uma confirmação desejada de uma suposição que se tornava necessária sobre o estado anímico da paciente, preencheu uma lacuna de memória e permitiu obter uma visão profunda quanto ao surgimento de outro dos seus sintomas.

Dora contou: *Estou passeando em uma cidade que não conheço, vejo ruas e praças que me são estranhas.*[86] *Então eu entro em uma casa onde estou morando, vou ao meu quarto e lá encontro uma carta da mamãe. Ela escreve: como eu saí de casa sem o conhecimento dos pais, ela não quis escrever-me que o papai adoeceu. Agora ele morreu, e, se você quiser,*[87] *pode vir. Vou então à estação de trem e pergunto umas 100 vezes: Onde é a estação? Sempre recebo a resposta: cinco minutos. Aí eu vejo um bosque muito denso diante de mim, no qual eu entro, e pergunto a um homem que lá encontro. Ele me diz: ainda duas horas e meia.*[88] *Ele se oferece para me acompanhar. Recuso e vou sozinha. Vejo a estação diante de mim e não consigo alcançá-la. Nesse momento, há aquela sensação de angústia, de quando no sonho não se consegue ir adiante. Em seguida, estou em casa, nesse ínterim devo ter viajado, mas, sobre isso, nada sei. — Vou à guarita do porteiro e pergunto-lhe sobre nosso apartamento.*

---

[86] A esse respeito o importante adendo: *Em uma das praças vejo um monumento.*

[87] Sobre isso, o adendo: *Ao lado dessa palavra havia um ponto de interrogação: quiser?.*

[88] Em uma segunda vez ela repete: *duas horas.*

A criada abre-me a porta e responde: a mamãe e os outros já estão no cemitério.[89]

A interpretação desse sonho não ocorreu sem dificuldades. Em consequência das circunstâncias peculiares vinculadas ao seu conteúdo, sob as quais interrompemos a análise, nem tudo foi esclarecido, e isso também se deve ao fato de a minha lembrança não ter, de modo geral conservado a sequência dos desenvolvimentos com a mesma segurança. Antecipo ainda o tema submetido à análise em curso quando interveio esse sonho. Havia algum tempo, a própria Dora colocava perguntas sobre a ligação de suas ações com os motivos que se podiam presumir. Uma dessas perguntas era: por que, nos primeiros dias após a cena do lago, ainda fiquei calada sobre isso? A segunda: por que, de repente, contei isso a meus pais? Eu achava que era absolutamente necessária a explicação para o fato de ela ter se sentido tão gravemente ofendida com os galanteios do Sr. K., ainda mais porque começava a se abrir para mim a visão de que, inclusive para o Sr. K., os galanteios a Dora não significaram nenhuma tentativa leviana de sedução. Explico o fato de ela ter informado os pais sobre o acontecido como uma ação que já estava sob a influência de uma sede doentia por vingança. Uma moça normal, pensava eu, resolve sozinha essas questões.

Portanto, apresentarei o material que se ajusta para a análise desse sonho na ordem bastante variada que se oferece à minha reprodução.

---

[89] A esse respeito, dois adendos feitos na sessão seguinte: *Vejo-me, com especial nitidez, subindo a escada*, e: *Após a resposta dela, vou para meu quarto, mas não estou nada triste, e leio um livro grande que está sobre minha escrivaninha.*

Ela perambula sozinha em uma cidade desconhecida, vê ruas e praças. Assegura que certamente não era B., que fora minha primeira suposição, mas sim uma cidade na qual ela nunca estivera. Como era natural, prossegui: na verdade, a Srta. pode ter visto quadros ou fotografias das quais infere as imagens do sonho. Após essa observação, veio o adendo do monumento em uma praça e, logo em seguida, o reconhecimento da fonte. Nos feriados de Natal, ela ganhara um álbum com cartões postais de uma estação termal alemã, e justamente ontem o procurava para mostrá-lo aos parentes que estavam hospedados em sua casa. Ele estava dentro de uma caixa de fotografias que não pôde ser logo encontrada, e ela perguntou à mamãe: *onde está a caixa?*[90] Em uma das imagens, via-se uma praça com um monumento. Mas o autor que a presenteara com isso foi um jovem engenheiro com quem ela um dia travou um rápido conhecimento na cidade da fábrica. O rapaz aceitara um emprego na Alemanha, para chegar mais rapidamente a sua autonomia, e aproveitava toda oportunidade para se fazer lembrado, e era fácil adivinhar que ele pretendia, no momento certo, quando melhorasse de posição, apresentar-se como pretendente de Dora. Mas ainda não era tempo, era preciso esperar.

O vagar pela cidade desconhecida estava sobredeterminado. Ele levou a uma das ocorrências diurnas. Nos feriados, um primo jovem estava de visita, a quem ela agora precisava mostrar a cidade de Viena. Essa ocorrência diurna não tinha, sem dúvida, a menor importância. Mas o primo lembrou-lhe de uma primeira breve passagem por Dresden. Naquela ocasião, ela perambulou como uma estrangeira e

---

[90] No sonho, ela pergunta: onde fica a estação de trem? Dessa proximidade tirei uma conclusão que mais tarde desenvolverei.

naturalmente não deixou de visitar a famosa galeria. Outro primo que estava com eles e conhecia Dresden quis servir de guia pela galeria. *Mas ela o recusou e foi sozinha*, detendo-se diante dos quadros que lhe agradavam. Diante da *Sistina*, passou *duas horas* calada admirando o quadro com ar sonhador. À pergunta sobre o que tanto lhe agradava no quadro, não soube dar uma resposta clara. Por fim, disse: a Madona.

Não há dúvida de que essas ocorrências pertencem realmente ao material formador do sonho. Elas incluem componentes que reencontramos inalterados no conteúdo do sonho (ela recusou e foi sozinha – duas horas). Faço notar desde já que "imagens" correspondem a um ponto nodal na trama dos pensamentos do sonho (as imagens na caixa – as imagens em Dresden). Também gostaria de destacar o tema da *Madona*, da mãe virgem, para posterior análise. Mas vejo, sobretudo, que ela, nessa primeira parte do sonho, identifica-se com um rapaz. Ele está vagando em um lugar desconhecido, ele se esforça em atingir uma meta, mas ele foi retido, ele precisa de paciência, ele tem de esperar. Se, naquele momento, ela estivesse pensando no engenheiro, então seria certo afirmar que essa meta deveria ser a posse de uma mulher, de sua própria pessoa. Em vez disso, era – uma estação de trem, para a qual, aliás, é-nos lícito recorrer a uma *caixa*, de acordo com a relação entre a pergunta no sonho e a pergunta realmente formulada. Uma caixa e uma mulher, isso já começa a combinar melhor.

Ela pergunta certamente umas 100 vezes... Isso conduz a outra origem do sonho, menos indiferente. Ontem à noite, após a reunião doméstica, o pai pediu a ela que fosse buscar conhaque; ele não dormiria, se antes não tomasse conhaque. Pediu a chave da despensa à mãe, mas esta estava entretida em uma conversa e não lhe deu nenhuma resposta, até que, com o exagero impaciente, exclamou: agora já lhe perguntei umas *100 vezes* onde está a chave. Na verdade, ela só *repetira* a pergunta naturalmente umas *cinco vezes*.[91]

"*Onde está a chave?*" parece-me a contrapartida masculina para a pergunta: onde está a caixa? (ver o primeiro sonho, p. 90 e segs.). Trata-se, portanto, de perguntas – sobre os genitais.

Na mesma reunião familiar, alguém fez um brinde ao pai e expressou os votos de que ele ainda tivesse vida longa com a melhor saúde etc. Nesse momento, algo colocou as feições cansadas do pai em um sobressalto tão singular que ela entendeu que pensamentos ele precisava reprimir. O pobre homem doente! Quem podia saber quanto tempo de vida ainda lhe estava reservado?

Com isso, chegamos ao *conteúdo da carta* no sonho. O pai estava morto, e ela se afastou de casa por vontade própria. No caso da carta do sonho, lembrei-lhe imediatamente da carta de despedida que ela escrevera aos pais, ou, pelo menos, esboçara para os pais. Essa carta estava destinada a assustar o pai, para que ele desistisse da Sra. K., ou, pelo menos, para se vingar dele, caso não fosse possível movê-lo a que o fizesse. Estamos tratando do tema de sua morte e da morte de seu pai (*cemitério*, mais adiante no sonho). Estaremos errados se supusermos que a situação que constitui a fachada do sonho equivale a uma fantasia de vingança contra o pai? Os pensamentos compassivos do dia anterior confirmariam isso muito bem. No entanto, a fantasia era esta: ela sairia de casa rumo a um lugar desconhecido e, devido à preocupação

---

[91] No conteúdo do sonho, o número 5 aparece na indicação temporal: cinco minutos. Em meu livro sobre a interpretação do sonho, mostrei através de vários exemplos como números que ocorrem em pensamentos de sonhos são tratados pelo sonho; amiúde são encontrados arrancados de suas conexões e inseridos em novos contextos.

com isso e à saudade dela, o pai ficaria de coração partido. Ela então estaria vingada. Pois entendia muito bem o que faltava ao que agora não podia dormir sem conhaque.[92]

Queremos chamar a atenção para a *sede de vingança* como um novo elemento para uma síntese posterior dos pensamentos do sonho.

Não obstante, o conteúdo da carta tinha de admitir outra determinação. De onde provinha o complemento: *se você quiser?*

Ocorreu-lhe acrescentar, então, que, após a palavra "quiser", havia um ponto de interrogação, e com isso ela também reconhecia essas palavras como citação extraída da carta da Sra. K., que continha o convite para L. (à beira do lago). De forma bem chamativa, havia nessa carta, após a interposição da frase "se você quiser?" no meio da estrutura da frase, um ponto de interrogação.

Aqui estaríamos, portanto, mais uma vez na cena do lago e com os enigmas que estão a ela ligados. Pedi-lhe que me descrevesse essa cena em detalhes. A princípio, ela não apresentou muita coisa nova. O Sr. K. fizera um preâmbulo um tanto sério; mas ela não o deixou terminar de falar. Assim que ela entendeu do que se tratava, deu-lhe uma bofetada no rosto e saiu correndo. Eu quis saber que palavras ele usou; mas ela só se lembrava da sua justificativa: "A Srta. sabe, não tenho nenhum interesse em minha mulher".[93] Em seguida, para não mais o encontrar no caminho, ela quis ir a pé até L.

---

[92] A satisfação sexual é, indubitavelmente, o melhor sonífero, assim como a insônia, na maioria dos casos, é a consequência da insatisfação. O pai não dormia porque sentia falta da relação com a mulher amada. Comparar, nesse contexto, com o trecho que será citado na sequência: Não tenho nenhum interesse em minha mulher.

[93] Essas palavras vão nos conduzir à solução de um de nossos enigmas.

contornando o lago e *perguntou a um homem, que encontrou, a que distância ficava.* Ao ouvir a resposta: "duas horas e meia", resolveu desistir dessa intenção e tornou a procurar a embarcação, que logo em seguida partiu. O Sr. K. também estava novamente lá, aproximou-se dela e pediu-lhe que o desculpasse e que nada contasse sobre o ocorrido. Mas ela não deu nenhuma resposta. – De fato, o *bosque* do sonho era bem semelhante ao bosque às margens do lago, onde se desenrolara a cena que ela acabava de descrever mais uma vez. Mas exatamente o mesmo bosque denso ela vira no dia anterior, em uma pintura na exposição da Secessão. Ao fundo do quadro, viam-se *ninfas*.[94]

Agora, uma suspeita se tornava certeza em mim. *Estação de trem*[95] [*Bahnhof*] e *cemitério* [*Friedhof*] em lugar de genitais femininos era suficientemente notável, mas guiou minha atenção aguçada para a palavra "*vestíbulo*" [*Vorhof*],[96] formada de modo semelhante, um termo anatômico

---

[94] Aqui pela terceira vez: imagem [*Bild*] (imagens de cidades, galeria em Dresden), mas em uma conexão muito mais significativa. Através do que se vê na imagem, chega-se à imagem de mulher [*Weibsbilde*] (bosque, ninfas).

[95] Além disso, "estação de trem" serve para o "trânsito". É o invólucro psíquico de alguns medos de trem. [Para designar "trânsito", Freud usa a palavra "*Verkehr*", que também significa "relação", "contato", inclusive "relação sexual" (como forma reduzida de "*Geschlechtsverkehr*"). (N.T.)]

[96] Freud faz referência à estrutura das duas palavras que, em alemão, têm sua origem, respectivamente, na justaposição de dois vocábulos para a formação de um novo. "Estação de trem" é a junção de "*Bahn*" [trem] e "*Hof*" [pátio], e "vestíbulo", de "*Vor*" [antes, anterior] e *Hof* [pátio]. Quanto ao termo anatômico a que se refere Freud, há em português o termo "vestíbulo vaginal". Também a palavra alemão correspondente a cemitério, "*Friedhof*", é um composto por justaposição, em que "*Fried*" significa "paz" e "*Hof*" tem a acepção de "campo", "jardim". (N.T.)

para uma determinada região dos genitais femininos. Mas podia tratar-se de um equívoco engenhoso. Agora, como se acrescentaram as "ninfas", que se viam ao fundo do "bosque denso", não cabia mais nenhuma dúvida. Isso era uma geografia simbólica do sexo! Como é conhecido pelos médicos, mas não pelos leigos, embora não seja, aliás, muito comum para os primeiros, dá-se o nome de "ninfas" aos pequenos lábios situados ao fundo do "bosque denso" de pelos pubianos. Porém, quem utilizava nomes técnicos como "vestíbulo" e "ninfas" devia ter extraído seu conhecimento de livros, e, na verdade, não de livros populares, mas de manuais de anatomia ou de alguma enciclopédia, o refúgio habitual dos jovens consumidos pela curiosidade sexual. Por detrás da primeira situação do sonho se escondia, portanto, se a interpretação estava correta, uma fantasia de defloração, na qual um homem se esforça por penetrar o genital feminino.[97]

Comuniquei a Dora minhas conclusões. A impressão deve ter sido convincente, pois imediatamente emergiu um pequeno fragmento esquecido do sonho: *que ela vai tranquila[98] para seu quarto e entrega-se à leitura de um livro*

---

[97] A fantasia da defloração é a segunda componente dessa situação. O destaque da dificuldade de ir adiante e o medo sentido no sonho apontam para a virgindade enfatizada com prazer, que vemos indicada em outro lugar na alusão à *Sistina*. Esses pensamentos sexuais produzem um fundo inconsciente talvez apenas para os desejos mantidos em segredo, que se ocupam com o pretendente à espera na Alemanha. Como primeira componente da mesma situação onírica, viemos a conhecer a fantasia de vingança; as duas componentes não coincidem totalmente, mas apenas em parte; mais adiante encontraremos os vestígios de um terceiro curso de pensamentos, ainda mais importante.

[98] Em outra ocasião, ela dissera "nada triste" em vez de "tranquila" (p. 124, n. 89). Posso fazer uso desse sonho como nova prova da precisão de uma afirmação contida na *Traumdeutung* (p. 299 e segs., 8. ed., p.

grande, que está sobre sua escrivaninha. Aqui, a ênfase recai sobre os dois detalhes: "tranquila" e "grande" junto a "livro". Era em formato de enciclopédia? Afirmou que sim. Ora, crianças nunca fazem, *tranquilamente*, pesquisas na enciclopédia sobre matérias proibidas. Ao fazê-lo, tremem, sentem medo e olham em volta, temendo que alguém venha a aparecer. Os pais são uma grande pedra no caminho desse tipo de leitura. Mas a força realizadora de desejos do sonho melhorara radicalmente aquela desagradável situação. O pai estava morto, e os outros já se haviam dirigido ao cemitério. Ela podia ler tranquilamente o que bem quisesse. Isso não queria dizer que uma de suas razões para a vingança era também a revolta contra a coação dos pais? Se o pai estava morto, então ela podia ler ou amar, como bem quisesse. De início, ela bem que não quis lembrar-se de algum dia ter lido uma enciclopédia, em seguida admitiu que lhe ocorria uma lembrança dessa natureza, certamente de conteúdo inofensivo. Na época em que sua querida tia estava gravemente doente, e sua viagem a Viena já estava decidida, veio uma carta de outro tio informando que não poderiam viajar a Viena, pois um filho, portanto, um primo de Dora, estava gravemente enfermo de apendicite. Naquela ocasião, ela leu na enciclopédia quais seriam os sintomas de uma apendicite. Daquilo que leu, ainda se lembra da dor característica localizada no ventre.

Lembrei então que logo após a morte da tia, ela sofreu uma suposta apendicite. Até então, eu não me atrevera a

---

354), segundo a qual as primeiras partes do sonho esquecidas e lembradas *a posteriori* são sempre as mais importantes para o entendimento do sonho. Ali, concluo que o esquecimento dos sonhos também exige a explicação através da resistência intrapsíquica.

incluir essa doença em suas produções histéricas. Ela contou que nos primeiros dias tivera febre alta e sentira no ventre a mesma dor sobre a qual lera na enciclopédia. Aplicaram-lhe compressas frias, mas não as suportara. No segundo dia, sentindo dores lancinantes, teve início sua menstruação, que estava muito irregular desde que adoecera. Naquela época, ela sofria constantemente de prisão de ventre.

Não parecia correto abordar esse estado como puramente histérico. Mesmo que indubitavelmente ocorra febre histérica, parecia arbitrário, no entanto, remeter a febre desse adoecimento duvidoso à histeria e não a uma causa orgânica em ação naquele momento. Eu queria desistir novamente dessa pista, quando ela mesma ajudou na continuação, trazendo o último adendo ao sonho: *ela se via, com especial nitidez, subindo a escada.*

Em relação a isso, exigi naturalmente uma determinação específica. Sua objeção, talvez não tão seriamente, de que ela tinha de subir a escada, se quisesse chegar a seu apartamento, que não ficava no térreo, eu pude facilmente refutar com a observação de que, se no sonho ela pode viajar da cidade desconhecida até Viena, ignorando a viagem de trem, então era lícito ela também desconsiderar os degraus da escada no sonho. Em seguida ela continuou seu relato: depois da apendicite, ela teve dificuldades para andar, porque tinha de arrastar o pé[99] direito. Essa situação teria permanecido

---

[99] Acima, Freud utiliza o termo "Fuß", que, no alemão austríaco, pode significar "pé" ou "perna", enquanto, no alemão padrão, Fuß corresponde a "pé". Em um trecho mais adiante, em que Freud usa os termos "Bein" e "Fuß", fica claro que o ato de puxar a "perna" era em decorrência de um "pé" torcido. Nesse caso, Freud utiliza "Bein", que significa "perna" em alemão padrão, e "Fuß", na acepção de "pé". (N.T.)

assim durante muito tempo, e, por isso, de bom grado ela evitava as escadas. Ainda hoje muitas vezes o pé ficava atrasado. Os médicos que ela consultou a pedido do pai muito se admiraram com essa sequela bastante incomum depois de uma apendicite, particularmente pelo fato de que a dor no ventre não voltou a aparecer, e de forma alguma acompanhava o arrastar do pé.[100]

Tratava-se, portanto, de um verdadeiro sintoma histérico. Ainda que a febre, na ocasião, tivesse sido condicionada organicamente – talvez devido a um daqueles frequentes adoecimentos por gripe sem localização particular –, agora estava garantido que a neurose se apropriava do acaso para utilizá-lo em uma de suas manifestações. Portanto, ela tinha se arranjado uma doença sobre a qual tinha lido na enciclopédia, punira-se por essa leitura e teve de dizer a si mesma que era impossível que a punição se aplicasse à leitura do artigo inofensivo, mas que se deu mediante um deslocamento, depois que a essa leitura seguiu-se outra mais carregada de culpa, que hoje se ocultava na lembrança por detrás da leitura inocente feita simultaneamente.[101] Talvez ainda fosse possível investigar sobre que temas ela lera naquela época.

Mas o que significava então esse estado que queria imitar uma peritiflite? A sequela da afecção, o arrastar de uma perna, que não era absolutamente compatível com

---

[100] Entre as sensações de dor no abdômen chamadas de "ovarianas" e as perturbações na marcha na perna do mesmo lado, pode-se supor uma conexão somática, que aqui, no caso de Dora, recebe uma interpretação particularmente especializada, ou seja, sobreposição e aproveitamento psíquicos. Comparem-se a observação análoga a respeito da análise dos sintomas de tosse e a ligação entre o catarro e o desprazer de comer.

[101] Um exemplo bem típico do surgimento de sintomas a partir de situações que aparentemente nada têm a ver com o sexual.

uma peritiflite, devia combinar melhor com o significado secreto, talvez sexual, do quadro da doença e, uma vez esclarecida, podia lançar luz sobre o significado buscado. Tentei encontrar um acesso a esse enigma. No sonho, havia ocorrências temporais; e verdadeiramente, o tempo não é nada indiferente em todos os acontecimentos biológicos. Por conseguinte, perguntei quando essa apendicite acontecera, se antes ou depois da cena do lago. A resposta imediata, que resolveu todas as dificuldades de um só golpe, foi: nove meses depois. Esse prazo é bastante característico. Desse modo, a suposta apendicite realizara a fantasia de um *parto* com os modestos recursos que estavam à disposição da paciente: as dores e o fluxo menstrual.[102] Ela naturalmente conhecia o significado desse prazo e não podia contestar a probabilidade de na época ter lido na enciclopédia a respeito de gravidez e parto. E quanto ao arrastar da perna? Agora me era dado tentar conjecturar. É assim que se anda quando se torce o pé. Portanto, ela dera um "passo em falso" [*Fehltritt*], e era perfeitamente correto que pudesse dar à luz nove meses depois da cena do lago. Eu só não podia deixar de fazer mais uma exigência. Só é possível – segundo minha convicção – adquirir esses sintomas quando se tem algum modelo infantil para eles. As lembranças que se tem de impressões de épocas posteriores, como tenho de sustentar rigorosamente de acordo com as minhas experiências até o momento, não possuem a força necessária para se impor como sintomas. Eu quase não ousava ter a esperança de

---

[102] Já indiquei que a maioria dos sintomas histéricos, uma vez que tenham alcançado a sua plena formação, figuram uma situação fantasiada da vida sexual, ou seja, uma cena de relação sexual, uma gravidez, um parto, um resguardo etc.

que ela me fornecesse o desejado material da infância, pois, na realidade, ainda não posso afirmar a validade geral da tese acima, na qual eu gostaria de acreditar. Mas nesse caso a confirmação veio *imediatamente*. Pois, quando criança, certa vez ela torceu o mesmo pé, escorregou de um degrau ao descer a *escada* em B.; o pé – justamente o mesmo que mais tarde ela arrastaria – inchou e teve de ser enfaixado, deixando-a algumas semanas em repouso. Isso foi pouco tempo antes da asma nervosa, aos 8 anos de idade.

Agora, tratava-se de utilizar a prova dessa fantasia: se a Srta., nove meses após a cena do lago, passa por um parto e carrega as consequências do passo em falso até hoje, isso prova, então, que a Srta., no inconsciente, lamentou o desfecho da cena. Portanto, em seus pensamentos inconscientes, a Srta. o corrigiu. Na verdade, o pré-requisito de sua fantasia de parto é que, àquela época, algo de fato aconteceu,[103] que a Srta., naquela ocasião, vivenciou e apreendeu tudo o que mais tarde precisou extrair da enciclopédia. A Srta. vê que seu amor pelo Sr. K. não terminou com aquela cena, que ela, como afirmei, estende-se – embora inconscientemente para a Srta. – até a presente data. – Isso ela também não contestou mais.[104]

---

[103] Portanto, a fantasia da defloração encontra a sua aplicação no Sr. K., e fica claro o motivo pelo qual a mesma região do conteúdo onírico contém material da cena do lago. (Recusa, duas horas e meia, o bosque, convite para ir a L.)

[104] Alguns adendos às interpretações anteriores: a "*Madona*" é claramente ela mesma, em primeiro lugar por causa do "admirador" que lhe mandara as imagens, depois porque conquistara o amor do Sr. K. sobretudo pela maternalidade em relação aos seus filhos e, por fim, porque ela, como moça, já tinha tido um filho, em uma alusão direta com a fantasia do parto. Além disso, a "madona" é uma contrarrepresentação [*Gegenvorstellung*] predileta para quando uma moça está sob a pressão de incriminações

Esses trabalhos de esclarecimento do segundo sonho demandaram duas sessões. Depois de expressar minha satisfação com o resultado alcançado após o término da segunda sessão, ela respondeu com menosprezo: por acaso saiu muito disso?, e assim já me preparou para outras revelações que se avizinhavam.

---

sexuais, o que, na verdade, também se aplica ao caso de Dora. Como médico da clínica psiquiátrica, tive o primeiro vislumbre dessa conexão em um caso de confusão alucinatória de rápida evolução, que revelou ser uma reação a uma reprimenda feita pelo noivo.

Se a análise tivesse continuado, a ânsia maternal de ter um filho talvez tivesse se revelado um motivo obscuro, mas poderoso de suas ações.

– As muitas perguntas que ela tinha colocado ultimamente pareciam derivados tardios das questões referentes à curiosidade sexual que ela procurou satisfazer na consulta à enciclopédia. Pode-se supor que ela fizera leituras sobre gravidez, parto, virgindade e temas similares. – Uma das questões a serem incluídas no contexto da segunda situação do sonho ela esqueceu ao reproduzir o sonho. Só podia ser esta pergunta: O Sr. *** mora aqui? ou: Onde mora o Sr. ***? Tem de haver uma razão pela qual ela esqueceu essa pergunta aparentemente inofensiva, depois de tê-la absolutamente acolhido no sonho. Encontro essa razão no próprio sobrenome da família, que ao mesmo tempo também tem o significado de um objeto ou, mais precisamente, um significado múltiplo, que pode ser equiparado a uma palavra com "*duplo* sentido". Infelizmente não posso comunicar esse sobrenome para mostrar com que habilidade ele foi utilizado para designar algo de "duplo sentido" e "indecoroso". Apoia essa interpretação o fato de que, em outra região do sonho, de onde provém o material das lembranças da morte da tia, também encontramos um jogo de palavras com o nome da tia na seguinte frase: "eles já foram para o cemitério". Nessas palavras indecorosas se encontraria certamente a indicação de uma segunda fonte *oral*, uma vez que, para ela, a enciclopédia não basta. Eu não teria ficado surpreso em ouvir que a própria Sra. K., a caluniadora, fora essa fonte. Justamente a ela Dora teria então poupado com generosidade, ao passo que perseguia as outras pessoas com uma vingança quase que ardilosa; por detrás da série quase infindável de deslocamentos que assim se produzem, seria possível suspeitar de um fator simples, o amor homossexual, profundamente arraigado, pela Sra. K.

Ela deu início à terceira sessão com as seguintes palavras: "Doutor, o Sr. sabe que estou aqui hoje pela última vez?". – Não posso sabê-lo, uma vez que a Srta. nada me disse sobre isso. – "É que me propus a aguentar ainda até o Ano-Novo;[105] mas não quero esperar mais tempo pela cura." – A Srta. sabe que sempre tem a liberdade de deixar a terapia. Mas hoje ainda vamos continuar trabalhando. Quando a Srta. tomou a decisão? – "Há 14 dias, acho." – Isso na verdade soa como uma criada, uma funcionária, aviso prévio de 14 dias. – "Havia também uma preceptora que deu aviso prévio, naquela época, na casa dos K., quando os visitei em L., às margens do lago." – Verdade? Dela a Srta. nunca me havia falado. Por favor, fale.

"Pois bem, na casa, havia uma moça jovem como preceptora das crianças, que exibia um comportamento muito peculiar em relação ao dono da casa. Não o cumprimentava, não lhe dava nenhuma resposta, e, à mesa, não lhe entregava nada se ele lhe pedisse, em suma, tratava-o como se ele não existisse. Aliás, ele também não era muito mais cortês com ela. Um ou dois dias antes da cena do lago, a moça me chamou à parte; tinha algo a me comunicar. Contou-me, então, que o Sr. K. aproximara-se dela em uma ocasião em que a esposa estava passando várias semanas fora, assediou-a com insistência e pediu-lhe que fosse complacente com ela; que ele não tinha nenhum interesse por sua esposa etc."... Ora, essas são as mesmas palavras que ele utilizou para galantear a Srta., diante das quais a Srta. deu-lhe a bofetada no rosto. – "Sim. Ela cedeu a ele, mas, pouco depois, ele já não queria mais saber dela, e ela, desde então, passou a odiá-lo." – E essa preceptora tinha dado aviso prévio? – "Não, ela queria

---

[105] Era o dia 31 de dezembro.

dar o aviso prévio. Contou que, após sentir-se abandonada, logo contou o ocorrido a seus pais, pessoas decentes que moram em algum lugar na Alemanha. Os pais exigiram que ela deixasse imediatamente aquela casa e, como isso não foi feito, escreveram a ela dizendo que não queriam mais saber dela, que estava proibida de voltar para casa." – E por que ela não foi embora? – "Ela disse que ainda queria esperar um pouco, para ver se nada mudaria no Sr. K., e que ela não aguentaria viver assim. Se não visse nenhuma mudança, daria o aviso prévio e iria embora." – E o que aconteceu com a moça? – "Só sei que foi embora." – Dessa aventura ela não carregou um filho? – "Não."

Portanto, no meio da análise vinha à luz – aliás, exatamente de acordo com as regras – um fragmento de material de fato que ajudava a solucionar problemas anteriormente levantados. Pude dizer a Dora: agora conheço o motivo daquela bofetada no rosto com a qual a Srta. respondeu aos galanteios. Não era uma ofensa pelo atrevimento em relação à Srta., mas uma vingança por ciúme. Quando a moça contou à Srta. sua história, a Srta. ainda fez uso de sua própria arte de colocar de lado tudo aquilo que não convinha a seus sentimentos. No momento em que o Sr. K. fez uso das palavras: Não tenho nenhum interesse em minha esposa, que ele também dissera à preceptora, novas moções foram despertadas na Srta., e a balança virou. A Srta. afirmou para si: Ele ousa tratar-me como uma preceptora, um serviçal? Esse orgulho ferido, aliado ao ciúme e, além disso, aos motivos de sensatez conscientes: definitivamente era demais.[106]

---

[106] Talvez não fosse indiferente o fato de ela poder ter ouvido também de seu pai, da mesma maneira como eu ouvi de sua boca, a mesma queixa sobre a mulher, cuja significado ela compreendia perfeitamente.

Para provar à Srta. o quanto está sob a impressão da história da preceptora, relembro as repetidas identificações com ela no sonho e na conduta da Srta. A Srta. conta a seus pais, coisa que até agora não entendemos, da mesma maneira como a preceptora escreveu aos pais dela. A Srta. se despede de mim como uma preceptora com aviso prévio de 14 dias. A carta no sonho, que permite à Srta. voltar para casa, é uma contrapartida da carta dos pais da preceptora que a proibiram de fazê-lo.

"Por que foi então que eu não contei logo aquilo a meus pais?"

Quanto tempo a Srta. deixou passar?

"A cena ocorreu no último dia de junho; no dia 14 de julho, contei-a à minha mãe."

Portanto, novamente 14 dias, prazo característico para uma serviçal! Agora posso responder à sua pergunta. A Srta. deve ter entendido muito bem a pobre moça. Ela não queria ir logo embora, pois ainda tinha a esperança, pois estava na expectativa de que o Sr. K. voltasse a demonstrar afetuosidade por ela. A Srta. também deve ter tido esse motivo. Com o intuito de ver se ele renovaria seus galanteios, a Srta. esperou passar aquele prazo, donde teria concluído que ele considerava isso uma coisa séria e não estava querendo brincar com a Srta. como fizera com a preceptora.

"Nos primeiros dias após minha partida, ele ainda enviou um postal."[107]

Sim, mas, depois, como não veio mais nada, a Srta. deu vazão à sua vingança. Posso até imaginar que, naquele momento, ainda havia espaço para a intenção secundária,

---

[107] Esse é o apoio [*Anlehnung*] para o engenheiro que se esconde por trás do Eu na primeira situação onírica.

ou seja, movê-lo, através da acusação, a viajar até o lugar onde a Srta. morava.

"...Como, aliás, ele primeiramente propôs para nós", observou ela. – Assim a Srta. teria matado a saudade dele – aqui ela assentiu afirmativamente com a cabeça, coisa que eu não esperara – e ele poderia ter-lhe dado a satisfação que a Srta. exigia para si.

"Que satisfação?"

É que estou começando a suspeitar que a Srta. considerava esse assunto com o Sr. K. muito mais sério do que quis revelar até agora. Não havia entre os K. conversas frequentes sobre separação?

"Decerto. Em princípio, ela não queria, por causa dos filhos, e agora quer, mas ele não quer mais."

A Srta. não terá pensado que ele queria se separar da sua esposa para se casar com a Srta.? E que ele agora não o quer mais por não ter nenhuma substituta? Há dois anos, a Srta. certamente era muito jovem, mas a Srta. mesma me contou sobre sua mãe que ela ficou noiva aos 17 anos e em seguida esperou dois anos pelo marido. A história de amor da mãe normalmente se torna um modelo para a filha. Portanto, a Srta. também queria esperar por ele e supunha que ele esperaria apenas até a Srta. ficar suficientemente madura para se tornar esposa dele.[108] Imagino que, para a Srta., tratava-se de um plano de vida bastante sério. A Srta. nem sequer tem o direito de afirmar que uma semelhante intenção estivesse excluída para o Sr. K., pois me contou sobre ele o bastante para apontar diretamente para uma

---

[108] A espera até que se tenha alcançado a meta encontra-se no conteúdo da primeira situação onírica; nessa fantasia da espera pela noiva vejo um fragmento da terceira componente, já anunciada, desse sonho.

intenção dessa natureza.[109] O comportamento dele em L. também não contradiz isso. A Srta. não o deixou terminar de falar e não sabe o que ele queria dizer-lhe. Além disso, não teria sido tão impossível realizar o plano. As relações do papai com a Sra. K., que talvez apenas por isso a Srta. tenha apoiado durante tanto tempo, ofereciam, à Srta., a segurança de que seria possível conseguir o consentimento da mulher para a separação, e a seu papai a Srta. impõe o que quiser. Pois é, se a tentação em L. tivesse tido outro desfecho, este teria sido, para todas as partes envolvidas, a única solução possível. Também acho que por isso a Srta. lamentou tanto o outro desfecho, corrigindo-o na fantasia que se apresentou como uma apendicite. Portanto, deve ter sido uma grande decepção para a Srta. quando, em vez de renovados galanteios, suas acusações tenham tido como resultado a contestação e as calúnias por parte do Sr. K. A Srta. admite que nada pode enfurecê-la mais do que quando alguém crê que a cena do lago foi fruto de sua própria imaginação. Agora sei do que a Srta. não queria ser lembrada, é de ter imaginado que o galanteio era sério e que o Sr. K. não desistiria até a Srta. casar-se com ele.

Ela ouviu atentamente sem suas costumeiras contestações. Parecia comovida; da maneira mais amável, despediu-se com votos calorosos de Ano-Novo e – não retornou. O pai, que ainda me visitou algumas vezes, assegurava que ela retornaria; percebia-se nela o anseio pela continuação do tratamento. Mas certamente ele nunca foi totalmente sincero. Apoiou a terapia, enquanto pôde alimentar a esperança de que eu iria "convencer" Dora de que haveria algo

---

[109] Sobretudo uma fala com que ele, no último ano de convivência em B., fez acompanhar o presente de Natal, uma caixa porta-cartas.

mais, além de amizade, entre ele e a Sra. K. Seu interesse extinguiu-se quando se deu conta de que esse resultado não estava em meu propósito. Eu sabia que ela não retornaria. Foi um indubitável ato de vingança o fato de ela, no instante em que minhas expectativas de um encerramento feliz para o tratamento alcançavam o ponto mais alto, romper, de maneira tão inesperada, e aniquilar essas esperanças. Sua tendência a prejudicar a si mesma também conseguiu o que queria nesse procedimento. Aquele que, como eu, desperta os mais malignos demônios que habitam, ainda indomados, o peito humano, para combatê-los, tem de estar preparado para que ele próprio possa ficar ileso nessa luta. Será que eu teria mantido a moça em tratamento, se eu mesmo tivesse representado um papel, exagerando o valor que tinha a sua permanência para mim e demonstrando-lhe um interesse caloroso, que, mesmo com todas as atenuantes de minha posição como médico, teria funcionado como um substituto para a ternura pela qual ela ansiava? Não sei. Tendo em vista que, em todos os casos, permanece desconhecida uma parte dos fatores que opõem resistência, sempre evitei desempenhar papéis e me contentei com uma arte psicológica mais despretensiosa. Em que pesem todo o interesse teórico e todo o empenho médico em ajudar, tenho muito claro para mim que limites são necessariamente colocados para a influência psíquica, e também respeito, como tais, a vontade e o ponto de vista do paciente.

Também não sei se o Sr. K. teria conseguido mais, se lhe tivesse sido revelado que aquela bofetada no rosto não significava, de maneira nenhuma, um "não" definitivo de Dora, mas que correspondia, isso sim, ao ciúme despertado por último, ao passo que as mais intensas moções de sua vida anímica ainda tomavam partido por ele. Se ele não tivesse dado ouvidos a esse primeiro "não" e tivesse continuado seus galanteios com uma paixão mais convincente, então o resultado poderia facilmente ter sido o de que a inclinação da moça teria suplantado todas as dificuldades internas. Mas penso que talvez tivesse sido igualmente fácil ela apenas ser estimulada a satisfazer sua sede de vingança contra ele de modo mais intenso. Nunca se pode calcular de que lado a decisão se inclina no conflito entre os motivos, se para o cancelamento ou o fortalecimento do recalcamento. A incapacidade para o cumprimento da exigência *real* de amor constitui um dos traços de caráter mais essenciais da neurose; os doentes são dominados pela oposição entre realidade e fantasia. Acabam fugindo daquilo pelo qual anseiam mais intensamente em suas fantasias, quando isso lhes é mostrado realmente, preferindo abandonar-se às fantasias quando já não mais precisam temer uma realização. No entanto, a barreira levantada pelo recalcamento pode cair sob o assalto de excitações violentas, ocasionadas de forma real, a neurose ainda pode ser superada pela realidade. Todavia, não podemos, de maneira geral, calcular em quem e através de qual meio essa cura seria possível.[110]

---

[110] Mais algumas observações sobre a construção desse sonho, que não se deixa entender tão a fundo que se possa tentar sua síntese. Como um fragmento deslocado para a frente como uma fachada, destaca-se a fantasia de vingança contra o pai: ela saiu de casa arbitrariamente; o pai adoeceu, em seguida morreu... Agora ela vai para casa, todos os outros já estão no cemitério. Sem nenhuma tristeza, vai ao quarto e tranquilamente lê a enciclopédia. Entre as observações, duas alusões ao outro ato de vingança que ela realmente praticou, ao fazer com que os pais encontrassem uma carta de despedida: a carta (da mamãe, no sonho) e a menção à cerimônia fúnebre da tia que lhe servia de modelo. – Por detrás dessa fantasia, escondem-se os pensamentos de vingança contra o Sr. K., para os quais ela criara uma saída em sua

Posfácio

É verdade que anunciei esta comunicação como fragmento de uma análise; mas devem tê-la achado incompleta em uma extensão muito mais ampla do que se poderia esperar a partir desse seu título. Talvez seja apropriado que eu tente indicar os motivos dessas omissões nada acidentais.

Uma série de resultados da análise ficou de fora, em parte porque, com a interrupção do trabalho, eles não estavam reconhecidos com certeza suficiente, e em parte porque

---

conduta contra mim. A criada – o convite – o bosque – as duas horas e meia provêm do material dos acontecimentos em L. A lembrança da preceptora e a troca de correspondência desta com os pais se conjugam com o elemento da carta de despedida de Dora na carta que aparece no conteúdo onírico, pela qual ela é autorizada a volta para casa. A recusa em se deixar acompanhar, a decisão de ir sozinha, talvez possa ser traduzida desta maneira: Como você me tratou como uma criada, vou deixá-lo na mão, sigo, sozinha, meus caminhos e não me caso. – Encoberto por esses pensamentos de vingança, cintila em outras passagens um material proveniente de ternas fantasias oriundas do amor pelo Sr. K., que prosseguiu inconscientemente: Eu teria esperado por você até ter me tornado sua esposa – a defloração – o parto. – Por fim, pertence ao quarto círculo de pensamentos, que está escondido de modo mais profundo, o do amor pela Sra. K., o fato de que a fantasia de defloração é figurada desde o ponto de vista do homem (identificação com o admirador, que agora reside no estrangeiro) e de que, em duas passagens, encontram-se as alusões mais claras a falas de duplo sentido (aqui mora o Sr. X. X.) e à fonte não oral de seus conhecimentos sexuais (enciclopédia). Nesse sonho, moções cruéis e sádicas encontram sua realização. [Na tradução desta nota de Freud, em que se traduziu "vou deixá-lo na mão", Freud usa o verbo *"stehen"* (v. notas do tradutor anteriores sobre esse verbo) combinado com *"lassen"*, no sentido de "abandonar"; preferiu-se, aqui, recorrer a uma expressão que também permita uma leitura ambígua. Sobre a última palavra da tradução da mesma nota (realização), ela também pode ser entendida na acepção de "satisfação" [*Befriedigung, Genugtuung*]. (N.T.)]

necessitavam de um prosseguimento para chegar a um resultado geral. Outras vezes, onde me pareceu admissível, indiquei a continuidade provável para cada uma das soluções. Além disso, ignorei aqui por completo a técnica de forma alguma evidente e unicamente por meio da qual se pode extrair do material bruto de ocorrências do paciente seu conteúdo puro de valiosos pensamentos inconscientes; a isso permanece vinculada a desvantagem de o leitor não poder confirmar a justeza de meu procedimento neste processo expositivo. No entanto, considerei inteiramente inexequível lidar ao mesmo tempo com a técnica de uma análise e com a estrutura interna de um caso de histeria; teria se tornado, para mim, uma operação quase impossível, e, para o leitor, uma leitura por certo intragável. A técnica exige absolutamente uma exposição separada, que seja esclarecida mediante numerosos exemplos extraídos dos mais diversos casos, e que possa prescindir do resultado obtido em cada um deles. Também não tentei fundamentar aqui as premissas psicológicas que se revelam em minhas descrições de fenômenos psíquicos. Uma fundamentação superficial em nada contribuiria; uma pormenorizada constituiria um trabalho por si só. Posso apenas assegurar que, sem estar comprometido com um determinado sistema psicológico, abordei o estudo dos fenômenos desvelados através da observação dos psiconeuróticos, e que depois ajustei minhas opiniões de maneira que elas me parecessem apropriadas a dar conta da trama do que foi observado. Não sinto orgulho nenhum por ter evitado a especulação; porém, o material dessas hipóteses foi obtido por meio da mais ampla e laboriosa observação. Poderia chocar, em especial, o caráter decisivo de meu ponto de vista na questão do inconsciente, uma vez que opero com representações, cursos de pensamento e moções inconscientes como se fossem objetos tão bons e indiscutíveis da psicologia quanto tudo o que é consciente; mas estou seguro de que quem empreender a investigação do mesmo campo de fenômenos com o mesmo método não pode deixar de se situar no mesmo ponto de vista, malgrado todas as advertências dos filósofos.

Aqueles colegas da área que consideraram minha teoria da histeria puramente psicológica e, por esse motivo, de antemão a declaram incapaz de solucionar um problema patológico certamente perceberão por este ensaio que sua reprimenda transfere, de forma injusta, uma característica da técnica à teoria. Apenas a técnica terapêutica é puramente psicológica; a teoria, de modo algum, deixa de apontar para a base orgânica da neurose, muito embora não a busque em uma alteração anatomopatológica e substitua provisoriamente pela função orgânica a alteração química esperada, mas ainda inapreensível. Certamente ninguém quererá negar o caráter de um fator orgânico à função sexual, na qual eu vejo a fundamentação da histeria, bem como das psiconeuroses em geral. Uma teoria da vida sexual, como eu suspeito, não poderá prescindir da suposição de determinadas substâncias sexuais com efeito excitante. As intoxicações e abstinências no caso da utilização crônica de determinadas toxinas são as que mais se aproximam, de fato, em todos os quadros patológicos que a clínica médica nos apresenta, das psiconeuroses genuínas.

Quanto ao que hoje se pode dizer sobre a "complacência somática", sobre os germes infantis da perversão, sobre as zonas erógenas e a disposição à bissexualidade, eu igualmente não desenvolvi neste ensaio, mas apenas destaquei os lugares em que a análise se confronta com esses fundamentos orgânicos dos sintomas. Mais não era possível fazer partindo de um caso isolado; ademais, eu tinha os mesmos motivos que os anteriormente descritos para evitar uma discussão casual desses fatores. Aqui foi dada abundante oportunidade para trabalhos ulteriores, apoiados em um número grande de análises.

De qualquer modo, com esta publicação tão incompleta, eu quis atingir duas coisas. Em primeiro lugar, mostrar, como complemento a meu livro sobre a interpretação do sonho, de que modo se pode utilizar essa arte – de resto inútil – para desvelar o que está escondido e recalcado na vida anímica; na análise dos dois sonhos aqui comunicados, também se considerou a técnica de interpretação do sonho, que é semelhante à técnica psicanalítica. Em segundo lugar, eu quis despertar interesse por uma série de relações que hoje ainda são totalmente desconhecidas da ciência, porque só podem ser descobertas mediante a utilização desse determinado procedimento. De fato, ninguém conseguia ter uma intuição acertada sobre a complicação dos processos psíquicos na histeria, nem da coexistência das mais variadas moções, nem do vínculo mútuo entre os opostos, nem dos recalcamentos e deslocamentos etc. O destaque dado por Janet[111] à *idée fixe* que se transpõe no sintoma nada significa, senão uma esquematização deveras precária. Também não se poderá deixar de supor que excitações, cujas respectivas representações carecem da capacidade de consciência, interagem de modo diferente, transcorrem de modo diferente e conduzem a outras manifestações que aquelas por nós designadas como "normais", cujo conteúdo de representação se nos torna consciente. Se, nessa medida, o esclarecimento

---

[111] Trata-se de Pierre Janet, autor de *Histoire d'une idée fixe* (História de uma ideia fixa), estudo publicado na *Revue Philosophique de la France et de l'Étranger*, v. 37, p. 121-168, jan.-jun. 1894. (N.T.)

já for suficiente, então não mais haverá nenhum obstáculo à compreensão de uma terapia que elimine sintomas neuróticos, transformando representações do primeiro tipo em representações normais.

Também me interessava mostrar que a sexualidade simplesmente não intervém na engrenagem dos processos característicos da histeria, como se fora um *deus ex machina* que de repente surge algures; mas que ela fornece a força pulsional para cada sintoma e para cada manifestação de um sintoma individualmente. Os fenômenos patológicos são, para ser franco, *a atividade sexual dos doentes*. Um único caso jamais será capaz de comprovar uma tese tão geral, mas só posso continuar a repetir de novo, por eu nunca o pensar de forma diferente, que a sexualidade é a chave para o problema das psiconeuroses, bem como das neuroses em geral. Quem desprezar essa chave jamais terá condições de usá-la para abrir a porta. Ainda estou à espera das investigações capazes de anular ou restringir essa tese. O que ouvi até agora contra ela foram manifestações de desagrados pessoais ou de descrenças, às quais basta contrapor as palavras de Charcot: "*Ça n'empêche pas d'exister*".[112]

O caso, de cuja história clínica e terapêutica publiquei, aqui, um fragmento, também não é apropriado para colocar em justa luz o valor da terapia psicanalítica. Não apenas a breve duração do tratamento, que mal chegou a três meses, mas também outro fator inerente ao próprio caso impediram que a terapia fosse concluída com a melhoria que se alcança em outros casos e que é admitida pelo doente e seus familiares, além de mais ou menos se aproximar da cura completa. Esses resultados satisfatórios são alcançados quando

---

[112] "Isso não impede de existir" (Jean-Martin Charcot). (N.T.)

as manifestações da doença são sustentadas unicamente pelo conflito interno entre as moções relativas à sexualidade. Nesses casos, vê-se o estado dos doentes melhorar bastante, na medida em que, através da tradução do material patogênico em material normal, contribuiu-se para a solução das suas tarefas psíquicas. Diferente é o transcurso em que os sintomas se colocaram a serviço de motivos vitais externos, como também acontecera com Dora a partir dos últimos dois anos. Fica-se surpreso e pode-se facilmente ficar desnorteado, quando se toma conhecimento de que o estado dos doentes não dá sinal de se modificar nem mesmo depois de o trabalho ter progredido largamente. Na realidade, a situação não é tão ruim; na verdade, os sintomas não desaparecem durante o trabalho, mas certamente algum tempo depois, quando se dissolverem os vínculos com o médico. O adiamento da cura ou melhora só é realmente causado pela pessoa do médico.

Preciso estender-me um pouco mais para que se compreenda esse estado de coisas. Durante um tratamento psicanalítico, estamos autorizados a dizer com segurança que a nova formação de sintomas fica regularmente suspensa. A produtividade da neurose, porém, não se extingue em absoluto, mas opera na criação de um tipo particular de formações de pensamentos, em sua maioria inconscientes, às quais se pode emprestar o nome de *"transferências"*.

O que são as transferências? São reedições, reproduções das moções e fantasias que devem ser despertadas e tornadas conscientes durante o avanço da análise, com uma substituição – própria do gênero – de uma pessoa anterior pela pessoa do médico. Para dizê-lo de outra maneira: toda uma série de vivências psíquicas é reavivada não como algo passado, mas como um vínculo atual com a pessoa do médico. Há algumas dessas transferências que em nada se distinguem de seu modelo quanto ao conteúdo, a não ser pela substituição. São, portanto, para mantermos a metáfora, simples reimpressões, reedições inalteradas. Outras são feitas com mais engenhosidade, experimentaram uma atenuação de seu conteúdo, uma *sublimação*, como costumo dizer, podendo até se tornar conscientes, tendo como apoio qualquer particularidade real habilmente utilizada na pessoa do médico ou nas circunstâncias que o rodeiam. São, portanto, novas adaptações, não mais reimpressões.

Quando se adentra a teoria da técnica analítica, chega-se à compreensão de que a transferência é algo necessariamente exigido. Ao menos se fica convencido na prática de que não há nenhum meio de evitá-la e que é preciso combater essa última criação da doença como todas as anteriores. Não obstante, essa parte do trabalho é, de longe, a mais difícil. É fácil aprender a interpretação do sonho, a extração dos pensamentos e das lembranças inconscientes a partir das ocorrências do doente, e as artes de tradução similares; nesse caso, o próprio doente sempre fornece o texto. Já a transferência, esta tem de ser descoberta, adivinhada quase sem ajuda, a partir de pontos de referência mínimos, evitando incorrer em arbitrariedades. Mas não se pode contorná-la, já que ela é utilizada na produção de todos os obstáculos que tornam inacessível o material para o tratamento, e porque a sensação de convicção sobre a justeza das ligações construídas só é provocada no doente após a resolução da transferência.

Tender-se-á a considerar uma séria desvantagem nesse procedimento, já mesmo desconfortável, que ele ainda multiplique o trabalho do médico mediante a criação de um novo gênero de produtos psíquicos patológicos e que talvez até se queira inferir, a partir da existência das transferências, um dano ao paciente através do tratamento analítico.

Os dois pontos de vista seriam equivocados. A transferência não multiplica o trabalho do médico; de fato, pode ser-lhe indiferente se deverá vencer uma determinada moção do doente em conexão com a sua pessoa ou com alguma outra. Não obstante, com a transferência, o tratamento também não obriga o doente a nenhuma nova tarefa que ele ainda não tivesse executado antes. Se curas de neuroses também se produzem em instituições em que se exclui o tratamento psicanalítico, se é possível dizer que a histeria não é curada pelo método, mas pelo médico, e se costuma resultar uma espécie de dependência cega e de acorrentamento permanente do paciente ao médico que o libertou dos sintomas por meio de sugestão hipnótica, então, há que ser vista a explicação científica de tudo isso em "transferências" que o doente regularmente faz para a pessoa do médico. O tratamento psicanalítico não cria a transferência, apenas a revela, como a outras coisas ocultas na vida anímica. A diferença manifesta-se apenas no fato de o doente evocar espontaneamente para sua cura apenas transferências ternas e amigáveis; quando esse não é o caso, ele se afasta, o mais rapidamente possível e sem ser influenciado pelo médico que não lhe é "simpático". Na psicanálise, por outro lado, de acordo com a disposição alterada dos fatores, todas as moções, até mesmo as hostis, são despertadas e aproveitadas para a análise através do tornar consciente, e, desse modo, a transferência é sempre aniquilada. A transferência, que está determinada a se tornar o maior obstáculo para a psicanálise, converte-se em sua ferramenta mais poderosa quando se consegue percebê-la a cada vez e traduzi-la[113] para o doente.

---

[113] [*Nota acrescida em 1923:*] Aquilo que aqui é dito sobre a transferência encontra prosseguimento no ensaio técnico sobre o "amor

Tive de falar sobre a transferência porque só consegui esclarecer as peculiaridades da análise de Dora através desse fator. O que constitui seu mérito e a faz parecer apropriada para uma primeira publicação introdutória, ou seja, sua especial transparência, está intimamente ligada à sua grande falta, que levou à sua interrupção prematura. Não fui capaz de dominar a tempo a transferência; pela solicitude com que ela colocou à minha disposição no tratamento uma parte do material patogênico, esqueci-me da precaução de ficar atento aos primeiros sinais da transferência, que ela preparava como outra parte do mesmo material, que tinha me ficado desconhecido. No princípio, estava claro que eu substituía o seu pai na fantasia, como era de se supor pela nossa diferença de idade. Ela também sempre me comparava conscientemente com ele; temerosa, procurava certificar-se se eu também era realmente sincero com ela, pois o pai "preferia sempre o que era secreto e um desvio tortuoso". Quando então veio o primeiro sonho, no qual ela se alertou a abandonar o tratamento, assim como, na época, a casa dos K., eu mesmo deveria ter sido advertido e ter lhe mostrado: "Agora a Srta. fez uma transferência do Sr. K. para mim. A Srta. percebeu algo que a levou a deduzir más intenções semelhantes às do Sr. K. (diretamente ou por meio de alguma sublimação), ou algo em mim chamou sua atenção, ou a Srta. ficou sabendo de algo sobre mim que forçasse a sua inclinação, como naquela vez com o Sr. K.?". Então a sua atenção teria se voltado a algum detalhe de nosso contato, em minha pessoa ou em minhas relações, por detrás do qual se mantivesse escondido algo

---

transferencial". ["Observações sobre o amor transferencial", disponível no volume *Fundamentos da clínica psicanalítica* (2017), da coleção Obras Incompletas de Sigmundo Freud. (N.E.)]

análogo, mas incomparavelmente mais importante, referente ao Sr. K.; e através da resolução dessa transferência, a análise teria obtido acesso a um novo material de lembrança, que provavelmente se referisse a fatos. Porém, deixei de ouvir essa primeira advertência pensando que haveria bastante tempo, já que não se apresentavam outros estágios da transferência, e o material para a análise ainda não se havia esgotado. Pois foi assim que fui surpreendido pela transferência e, por causa do X, através do qual eu lhe lembrava o Sr. K., ela vingou-se de mim, como queria vingar-se do Sr. K., e abandonou-me,[114] acreditando ter sido enganada e abandonada por ele. Desse modo, ela *atuou* [*agierte*] parte essencial de suas lembranças e fantasias, em vez de reproduzi-las no tratamento. Que X era esse, naturalmente não posso saber: suponho que se referia a dinheiro, ou então era ciúme de alguma outra paciente que, depois de sua cura, manteve o contato com minha família. Quando as transferências se deixam incluir na análise precocemente, seu curso torna-se opaco e desacelerado, mas sua existência fica mais bem assegurada contra repentinas resistências e insuperáveis.

No segundo sonho de Dora, a transferência é substituída por várias alusões nítidas. Quando ela o contou, eu ainda não sabia, só vim a sabê-lo dois dias mais tarde, que teríamos apenas mais *duas horas* (sessões) pela frente, o mesmo tempo que ela passara diante do quadro da *Madona Sistina* e que ela também, mediante uma correção (duas horas em vez de duas horas e meia), transformou em medida do caminho por ela não percorrido contornando o lago. As aspirações e a espera no sonho, que estavam relacionadas ao rapaz

---

[114] Acima, o verbo usado por Freud na acepcao de "abandonar" e "*verlassen*". (N.T.)

na Alemanha e que eram provenientes de sua espera até que o Sr. K. pudesse desposá-la, já se haviam manifestado alguns dias antes na transferência: para ela, a terapia estaria demorando muito, não teria paciência de esperar tanto, ao passo que, nas primeiras semanas, sem fazer essas objeções, ela mostrara bastante discernimento ao me ouvir anunciar que sua recuperação completa demandaria cerca de um ano. Quanto à recusa de ser acompanhada no sonho, pois ela preferia ir sozinha, que também tinha sua origem na visita à galeria de Dresden, eu iria ficar sabendo, na verdade, no dia determinado para tal. Ela tinha, sem dúvida, este entendimento: como todos os homens são abomináveis, prefiro não me casar. Essa é a minha vingança.[115]

Quando moções de crueldade e motivos de vingança já utilizados na vida para a manutenção dos sintomas são

---

[115] Quanto mais me afasto temporalmente do término dessa análise, mais provável me parece que meu erro técnico tenha consistido na seguinte omissão: deixei de descobrir [*erraten*] a tempo e de comunicar à doente que a moção amorosa homossexual (ginefílica) pela Sra. K. era a mais forte das correntes inconscientes de sua vida psíquica. Eu deveria ter descoberto [*erraten*] que nenhuma outra pessoa, além da Sra. K., podia ser a fonte principal de seu conhecimento sobre coisas sexuais, a mesma pessoa por quem então fora acusada por causa de seu interesse nesses assuntos. Era realmente muito notável que ela soubesse de todas as coisas chocantes e nunca quisesse saber de onde as sabia. Eu deveria ter relacionado [a isso] esse enigma, eu deveria ter buscado o motivo desse estranho recalcamento. O segundo sonho ter-me-ia então feito essa revelação. A vingança irrefletida a que esse sonho deu expressão adequava-se, mais do que qualquer outra coisa, para ocultar a corrente oposta, ou seja, a nobreza com que ela perdoou a traição da amiga amada, escondendo de todos que esta mesma lhe fizera as revelações, cujo conhecimento fora usado depois para torná-la suspeita. Antes de eu chegar a reconhecer a importância da corrente homossexual nos psiconeuróticos, fiquei muitas vezes paralisado no tratamento de casos ou caí em total confusão.

transferidos ao médico durante a terapia, antes de este ter tempo de afastá-los de sua pessoa e reconduzi-los de volta a suas fontes, não surpreende que o estado dos doentes não exiba a influência de seu empenho terapêutico. Pois através de que forma a doente poderia vingar-se mais efetivamente do que demonstrando, em sua própria pessoa, quão impotente e incapaz o médico é? Ainda assim, estou inclinado a não subestimar o valor terapêutico nem mesmo de tratamentos tão fragmentários como foi o de Dora.

Somente cinco trimestres após o término do tratamento e da redação deste ensaio recebi a notícia sobre o estado de minha paciente e, desse modo, sobre o desfecho do tratamento. Em uma data nada indiferente, 1º de abril – sabemos que indicações temporais para ela nunca eram sem importância –, ela apresentou-se a mim para terminar sua história e novamente pedir ajuda: mas uma olhadela para a sua fisionomia pode me revelar que ela não levava esse pedido a sério. Após haver abandonado o tratamento, ainda ficou de quatro a cinco semanas, como ela mesma disse, "atrapalhada". Em seguida, veio uma grande melhora, os acessos passaram a rarear, seu ânimo levantou-se. Em maio do ano agora passado, morreu um dos filhos do casal K., que sempre estava doente. Ela tomou esse caso de morte como pretexto para fazer uma visita de condolências aos K., tendo sido recebida por eles como se nada houvesse ocorrido nesses três últimos anos. Nessa oportunidade, reconciliou-se com eles, vingou-se deles e pôs termo à sua questão de modo que lhe foi satisfatório. À mulher ela disse: sei que você tem uma relação com o papai, e a outra não contestou. Quanto ao marido, moveu-o a confessar a cena do lago por ele contestada e transmitiu ao pai essa notícia que a justificava. Não retomou o contato com aquela família.

Ela estava indo bem até meados de outubro, época em que voltou a aparecer um acesso de afonia que durou seis semanas. Surpreso com essa comunicação, pergunto se houve uma ocasião para isso, e soube que o acesso ocorreu após um violento susto. Ela acabou presenciando alguém ser atropelado por um coche. Por fim, saiu-se com a informação de que o acidente não atingira ninguém mais que o Sr. K. Um dia, encontrou-o na rua; ele estava vindo em sua direção em um lugar de intenso trânsito, ficou de pé diante dela como se estivesse desnorteado e, nesse "esquecimento de si mesmo", acabou deixando-se atropelar.[116] Inclusive, convenceu-se de que ele escapou sem maiores danos. Contou que ainda lhe causava uma ligeira comoção ouvir falar da relação do papai com a Sra. K., coisa em que ela, aliás, não mais se imiscui. Estava dedicada aos seus estudos, que não estava pensando em se casar.

Procurou minha ajuda por causa de uma nevralgia no lado direito do rosto, que agora estaria persistindo dia e noite. Desde quando? "Há exatamente 14 dias."[117] – Não pude deixar de sorrir, porque eu podia lhe provar que, há exatamente 14 dias, ela lera uma notícia no jornal referente a mim, o que ela também confirmou (1902).

A suposta nevralgia facial correspondia, portanto, a uma autopunição, ao remorso por causa da bofetada que na época ela dera no Sr. K. e pela transferência de vingança que depois fez sobre mim. Que tipo de ajuda ela pretendia me pedir

---

[116] Uma interessante contribuição sobre as tentativas indiretas de suicídio abordadas em minha "Psychopathologie des Alltagslebens" [Psicopatologia da Vida Cotidiana].

[117] V. o significado desse período [*Termins*] e sua relação com o tema da vingança na análise do segundo sonho.

eu não sei, mas prometi perdoá-la por ter me privado da satisfação de libertá-la mais radicalmente de seu sofrimento.

Agora já se passaram anos desde a visita que me fez. Desde então, a moça casou-se, na verdade com aquele rapaz, se todos os indícios não me enganam, a quem se referem as ocorrências no início da análise do segundo sonho. Assim como o primeiro sonho caracterizava afastamento [*Abwendung*] do homem amado em direção ao pai, portanto, a fuga da vida para a doença, esse segundo sonho anunciava, de fato, que ela se desprenderia do pai e se recuperaria para a vida.

Este livro foi composto com tipografia Adobe Garamond Pro e
impresso em papel Off-White 70 g/m² na Formato Artes Gráficas.